일과 예배

벤 패터슨 지음 / 김재영 옮김

한국기독학생회출판부(IVP)

IVP(InterVarsity Press)는
캠퍼스와 세상 속의 하나님 나라 운동을 지향하는
IVF(InterVarsity Christian Fellowship)의 출판부로서
생각하는 그리스도인을 위한 문서 운동을 실천합니다.

Originally published by InterVarsity Press
as *Serving God* by Ben Patterson
ⓒ 1987(new edition, 1994) by Ben Patterson
Translated by permission of InterVarsity Press
P. O. Box 1400, Downers Grove, IL 60515, U. S. A.

Korean Edition ⓒ 1997 by Korea InterVarsity Press
352-18 Seokyo-Dong, Mapo-Gu, Seoul 121-838 Korea

SERVING GOD

THE GRAND ESSENTIALS OF WORK & WORSHIP

Ben Patterson

추천의 글

직장인들에게 강의할 때면 나는 될 수 있는 대로 추상적인 이야기보다는 실생활에서 부딪히는 문제를 성경적으로 다루려고 노력한다. 그러나 성경적인 직업관에 대해서 강의할 때만큼은 신학적인 이야기를 하지 않을 수 없었다. 대부분의 직업관에 대한 책들 역시 직장에서 하루 종일 일하는 사람들이 수용하기에는 너무 신학적이다. 그래서 나는 신학적인 내용을 다루되 가능한 한 '신학적'으로 들리지 않게 하려고 나름대로 애를 쓰곤 했다. 벤 패터슨의 「일과 예배」에서 나는 그런 노력을 발견할 수 있었다.

그는 일의 문제를 창조, 타락, 구속으로 이어지는 구속사의 맥락에서 다루면서도 도무지 그런 느낌을 주지 않고 직장 생활을 하는 사람들이 실감할 수 있게 정리하고 있다. 직업에는 귀천이 없으며 성과 속 사이에 차별이 없다는 기본적인 원리에 대해서도 아주 설득력 있게 설명하고 있다. 항상 무슨 일이든지 "주께 하듯" 하라(골 3:23)는 직업관에 대한 저자의 결론 역시 분명하다.

그런데 일의 문제를 다룸에 있어 저자에게는 크게 다른 점이 있다. 일과 예배와의 관계를 연결한 점이 바로 그것이다. 보편적으로 그리스도인들의 삶에서 직장 생활과 교회에서의 예배는 반대되거나 적어도 대조되는 개념으로 받아들여졌다. 직장일 때문에 예배에 참석하지 못하는 경우가 있는가 하면 예배에 참석하기 위해서는 직장일에 전적으로 헌신할 수 없다고 생각하는 경향이 있기 때문이다. 물론 직장의 현실에서 실제로 이런 갈등이 없는 것은 아니지만 성경은 사실 이 둘의 관계가 아주 밀접하다고 가르친다. 일이 세상에서 하나님을 섬기는 것이라면 예배는 성전에서 하나님을 섬기는 것이다. 저자는 이런 성경 원리를 행복의 요소인 "할 일"과 "사랑할 대상"으로 풀면서 이 둘은 결코 대조되는 행동이 아니라 하나님을 향해 그리스도인들이 동일하게 해야 할 행동이라고 말한다. 공감되는 내용일 뿐 아니라 직업을 바로 이해하기 위해서는 필수적이라는 생각이 들었다.

비교적 얇은 책인지라 직장 생활에서 일어나는 구체적인 문제까지 다루지는 못했지만 적어도 직업관에 대해서는 부족함이 없는 것 같다. 각 장의 말미에 첨부된 질문들은 자칫 추상적인 지식으로 그치기 쉬운 직업관의 문제를 구체적으로 느낄 수 있게 도와줄 것이다.

매일매일 하고 있는 일 속에서 아무런 의미를 찾지 못하거나 주일에 드리는 예배와의 사이에 별 관계를 찾지 못하는 그리스도인 직장인이라면 잠시 시간을 내서 이 책을 꼭 읽기 바란다. 의식의 작은 변화가 생활에 커다란 변화를 줄 수 있을 것이다.

- 방선기 목사(직장 사역 연구소 소장, 이랜드 사목)

차 례

추천의 글	4
프롤로그 하나　일 : 세상에서의 섬김	9
1. 일, 복인가 저주인가?	13
2. 이 따위 직업 관두겠소. 사표나 받으시오!	31
3. 소망이 있습니까?	43
4. 직업은 많으나 부르심은 하나다	59
5. 일을 하는 새로운 이유들	75
프롤로그 둘　예배 : 성전에서의 섬김	93
6. 예배는 영원하다	97
7. 위대한 드라마	113
8. 이야기 속의 이야기	129
9. 일요일에는 절대로!	149
10. 우리의 일용할 양식	171
에필로그　소망 : 일과 예배에 의미를 주는 것	189
주	201

프·롤·로·그·하·나

일 세상에서의 섬김
....

행복의 법칙? 처음 그 법칙이란 것을 보았을 때 나는 의구심이 들었다. 행복해지기 위한 **법칙**이라니? 그러나 나는 그 법칙을 잊을 수가 없다. 후일에 나는 내가 읽었던 것이 스코틀랜드의 목사이며 철학자였던 토머스 찰머스(Thomas Charlmers)의 말을 약간 변형시킨 것임을 알게 되었다. 찰머스의 원래 것이 훨씬 더 나았다. 그는 그 법칙을 '필수 요건'이라고 일컬었다.

행복을 위한 필수 요건은
할 일과
사랑할 대상과
소망이다.

따-분-해!
이 필수 요건을 생각하면 할수록 그것은 참으로 내게 의미 있게 다가왔다. 첫 번째 필수 요건인 **할 일**에 대해 생각해 보자. 나는 네 자녀를 둔 아버지다. "아빠, 너무 따분해요", "따아분해요오…"라는 자녀들의 만성적인 불평은 나를 가장 신경질나게 만든다. 그럴 때면 나는 화가 치밀어오르는 것을 제대로 억누르지 못하고 "뭐가 그렇게 따분하다는 거야?"라고 다그친다. 그러면 그들은 팔을 늘쩍지근하게 드리우고서 "할 일이 없다니까요"라고 말한다. 그러면 나는 할 수 있는 일이 너무 많다고 맞받아치고 그 일에 대하여 하나씩 하나씩 설명해 나가기 시작한다. 아이가 있는 부모라면, 나의 제안에 대해 자녀들이 어떻게 반응하는지 이미 알고 있을 것이다. "그것도 따분하긴 마찬가지예요."

그들이 하고 싶은 말은 이것이다. 그들은 자신의 관심을 끌 만한 일을 원한다는 것이다. 내게 아주 중요한 것들이 항상 자녀들에게도 중요한 것 같지는 않다. 무언가 중요한 일을 하고 싶다는 그들의 욕망은 누구에게나

다 있는 것이다. 우리 모두는 중요한 일, 진짜 중요한 일을 하고 싶어한다. 그렇지 않은가?

고차원적인 일

하나님은 우리에게 정말로 중요한 일을 주셨다. 하나님이 최초의 남자와 여자에게 주신 첫 명령은 큰 일을 행하라는 것이었다. 하나님은 "생육하고 번성하여 땅에 충만하라. 땅을 정복하라. 바다의 고기와 공중의 새와 땅에 움직이는 모든 생물을 다스리라"(창 1:28)고 말씀하셨다.

이것이 우리가 해야 할 일이다. 하나님의 권위 아래 땅을 채우고 땅을 다스리고 돌보는 것, 바로 이것이다. 이것이야말로 이 일을 하는 모든 사람에게 행복을 가져다 줄 수 있는 일이다. 땅을 다스리고 돌보라는 명령이 주어졌다는 것은 다름 아닌 존엄성과 의미의 선물이 주어졌다는 뜻이다. 하나님이 하시는 바로 그 일과 비슷한 일을 땅에서 행하는 선물 말이다.

우리 모두에게는 할 일이 있다. 그것도 아주 고차원적인 일인 하나님의 피조물을 경영하는 일이다. 이것은 이 땅의 모든 남녀노소가 하나님께 받은 소명이다. 모든 직업, 우리가 살아가기 위해서 또 한끼 양식을 얻기 위해서 하는 모든 일은 그것이 아무리 사소한 것이라 할지라도—버스를 운전하는 일이든, 표지판을 칠하는 일이든, 전화받는 일이든, 컴퓨터 프로그램을 만드는 일이든 간에—세상을 경영하라는 이 명령에 비추어 볼 수 있다. 스스로 이 진리를 발견할 때 우리가 누구이며 우리의 참된 행복이 무엇인지를 발견할 수 있을 것이다. 그 때 우리 각자가 가진 독특한 빛깔들이 우리의 존재 안으로 되돌아오게 될 것이다.

1
일, 복인가 저주인가?

암소의 젖을 짤 때도 하나님은 당신을 통하여 일하신다

– 마틴 루터

하이-호우, 하이-호우, 우리는 지금 일하러 가네!" 만일 당신이 월트 디즈니의 만화 영화인 '백설 공주와 일곱 난쟁이'를 봤다면, 그 난쟁이들이 발맞추어 일하러 가면서 불렀던 노래의 가사를 기억할 것이다. 삽과 곡괭이를 들고 노래하면서 굴 속으로 들어갈 때 그들의 표정과 목소리에는 목적 의식에서 우러나온 기쁨이 담겨 있었다.

언젠가 나는 위의 가사를 아래와 같이 변형하여 붙이고 다니는 자동차를 본 적이 있다. "아이고, 아이고, 나는 지금 일하러 가네!" 이 말이 어디서 따온 문구인지를 알아채기는 그리 어렵지 않다. 그것은 난쟁이들의 노랫말과 비슷한 발음으로, 의미를 완전히 바꾼 문구였다. 오늘날 삶의 많은 영역에서, 즐거운 일은 힘들고 짜증나는 일로 바뀌었고, 목적 의식을 가지고 종사했던 일도 단순한 생계 수단으로 전락하고 말았다.

당신은 왜 일하는가?

대공황이 막을 내릴 무렵에 이 만화 영화가 만들어졌기 때문에 만화 속의 인물들은 그렇게 노래하며 일할 수 있었는지도 모른다. 당시에는 아주 많은 사람들이 일자리가 없어 헤매고 있었으니 일하러 나갈 수 있다는 것이 얼마나 즐거웠겠는가! 경제가 호전되면서 사람들은 그 일이 무엇이건 간에 일하러 갈 수 있다는 사실에 흥분했다. 이것이 바로 우리 아버지의 세대였다. 우리 아버지는 돌아가시는 날까지도 하루하루 일거리를 맡아서 정부의 구호품 없이 가족을 먹이고 입힐 수 있었다는 것을 자랑스러워하셨으며 그것으로 위로받으셨다. 아버지에게 일은 그 분의 존엄을 지켜 주는 것이었으며, 바로 사람됨을 의미하는 것이었다.

그 자동차에 붙어 있던 스티커에 나타난 정서는 오늘날 저마다 다른 이유로 일하고 있는 우리 세대의 모습을 반영한다. 적어도 그것은 일이란 우리가 싫든 좋든 반드시 해야 하는 것이라고 말하는 것 같다. 혹은 일은 우리가 원하는 상품들을 모두 손아귀에 넣기 위해서는 반드시 해야 하는 것,

그래서 우리가 아주 많이 아주 빨리 획득하기 위해서라면 반드시 치러야 하는 벌칙인 것처럼 말하는 것 같다.

당신은 왜 일하는가? 당신에게 일이 의미하는 것은 "하이-호우, 하이-호우"인가 아니면 "아이고, 아이고"인가? 당신에게 일은 복인가 아니면 저주인가?

사람됨에 필수적인 것

이 물음에 대한 성경의 한결같은 대답은, 일이 하나님이 주신 복이요 선물이라는 것이다. 하나님은 일하라고 명령하기에 앞서 우리에게 복을 주셨다. 그리고 바로 이어서 일하라는 명령을 내리셨다. 창세기 1:28에서 먼저 하나님은 "그들에게 복을 주셨다." 그런 다음 "그들에게 이르시되, 생육하고 번성하여 땅에 충만하라. 땅을 정복하라. 바다의 고기와 공중의 새와 땅에 움직이는 모든 생물을 다스리라"고 말씀하셨다. 하나님은 첫 사람을 에덴 동산에 두시고 그에게 "그것을 다스리며 지키게"(창 2:15) 하셨다. 이처럼, 일은 하나님의 낙원에서까지도 중요한 위치 곧 중심부를 차지하는 것이었다.

흔히 사람들은 성경이 일을 하나님의 저주로 즉 죄에 대한 형벌로 가르친다고 잘못 알고 있다. 그러나 일하라는 명령은 타락 이전에 선물과 복으로서 주어졌다. 죄와 형벌이 들어오기 이전이지 결코 그 후가 아니다.

일은 하나님이 주신 선물이며 복이다. 더 나아가서 일은 우리의 사람됨을 이루는 데 반드시 필요한 것이다. 성경은 감히, 일은 거룩한 것이라고까지 주장한다. 그리스도인들은 하나님이 "우리의 형상을 따라 우리의 모양대로 우리가 사람을 만들자"고 말씀하신 뜻이 무엇인지를 오랫동안 매우 궁금하게 생각해 왔다. 이 말씀의 의미를 이해하기 위한 출발점은 바로 다음에 이어지는 말씀에 있다. "그로 바다의 고기와 공중의 새와 육축과 온 땅과 땅에 기는 모든 것을 다스리게 하자 하시고"(창 1:26).

"우리의 형상을 따라 우리가 사람을 만들고"라는 말씀과 "그들로 다스리게 하자"는 이 두 말씀은 반드시 함께 이해되어야 한다. 이 둘은 서로를 수식한다. 하나님을 닮는 것은 하나님처럼 땅을 다스리는 것이다. 하나님처럼 땅을 다스리는 것이 바로 하나님을 닮는 것이다. 창세기 1장 전체를 통하여 하나님은 하늘과 땅, 산과 호수, 숲과 살아 숨쉬는 모든 것을 만드시는 일꾼으로 나타난다. 하나님은 우리도 하나님과 같은 일꾼으로 만드셨다! 바로 이 구절에 감동을 받은 종교개혁자 울리히 쯔빙글리(1484-1531)는 다음과 같이 말했다. "일꾼만큼이나 하나님을 닮은 것은 이 우주에 없다."

피조물의 청지기들

청지기는 하나님과 그의 피조물에 대한 우리의 관계를 가장 잘 묘사한 말이다. 약간 시대에 뒤떨어진 말이기는 하지만 그 의미를 정확하게 표현해 주는 요즘말이 없기 때문에 쓸 만한 가치가 있는 말이다. 청지기란 다른 사람의 소유물이나 재산을 위탁받아서 소유주가 최대의 이익을 얻을 수 있도록 그 재산을 관리하는 책임을 진 사람을 가리킨다.

우리가 관리 경영하도록 위탁받은 재산은 바로 하나님이 창조하신 피조계이다! 몇 해 전에 앨버트슨 슈퍼마켓 체인점은 각 지점의 품질과 그에 대한 자부심을 높이기 위하여 점포주 각각의 개인적인 투자를 강조하는 일련의 광고를 낸 적이 있다. 가장 기억에 남는 광고는 신선한 야채 진열대에 둘러싸인 한 이태리 사람이 나온 광고였다. 그는 "자, 여기는 조 앨버트슨의 슈퍼마켓입니다. 하지만 이 농산물 점포는 제 것입니다"라고 노래하고 있었다. 그는 자기 스스로를 청지기로 생각했다. 그는 조 앨버트슨 소유의 슈퍼마켓 체인점 중 한 점포를 인수받아, 조 앨버트슨과 동일한 자격으로 그 점포를 관리할 책임을 부여받았던 것이다.

이것이 바로 우리들 각자가 하나님과 그의 피조물과 맺는 관계이다. 하나님은 우리들 각자에게 고유한 재능과 은사를 주셨으며, 시간과 공간의 일부도 나누어 주셨다. 우리 자신과 우리의 모든 소유물은 하나님께로부터 온 것이다. 그리고 하나님은 마치 우리가 하나님이라도 되는 것처럼 이것들을 경영할 책임을 우리에게 맡기셨다! 은행장은 하나님의 영광을 위하여 은행을 경영하며, 농부는 하나님의 영광을 위하여 농사를 짓고, 우리는 하나님의 영광을 위하여 우리의 시간을 관리해야 한다. 그리고 우리의 인격 전체로 그 분의 선하심을 드러내야 한다.

진정한 존엄성

사람의 존엄성은 소유로부터 나오는 것이 아니다. 왜냐하면 우리가 소유한 모든 것은 다 하나님께 속했기 때문이다. 시편 24:1의 말씀대로, "땅과 거기 충만한 것…다 여호와의 것"이다. 그 '충만한 것'에는 우리의 시간과 물질, 능력과 경력 등 모든 것이 포함된다. 우리는 우리의 소유가 우리 자신의 것이며 남는 것이 있어야 그것이 하나님의 것이라고 생각하는 경향이 있다. 청지기 직분에 대한 우리의 태도는 마치 관세청이 발행한 '지극히 간소화된 세금 보고 양식'과 같다. 그 양식에는 네 항목이 있다.

1. 작년 한 해 총수입:
2. 총지출:
3. 현재 잔고:
4. 내역서를 제출해 주십시오.

만일 하나님이 그 분의 것을 우리에게서 찾으신다면 우리가 다 써 버리기 전에 찾으시지 어찌 써 버린 후에 찾으시겠는가! 사도 바울은 디모데에게, "우리가 세상에 아무것도 가지고 온 것이 없으매 또한 아무것도 가지고 가지 못하리니"(딤전 6:7)라고 말했다. 우리는 빈손으로 이 세상에 왔다가 다시 빈손으로 돌아갈 것이다.

그러므로 우리의 존엄성은 우리가 소유한 것에서 오는 것이 아니라, 우리에게 맡겨진 것을 가지고 우리가 행한 일로부터 온다. 다시 말해 우리의 존엄성은 피조물의 **청지기**가 되라는 하나님의 부르심에 대한 응답으로부터 오는 것이다.

나는 예전에 고든 코스비(Gorden Cosby) 목사로부터 존엄성에 관한 아주 감동적인 이야기를 들은 적이 있다. 고든 코스비 목사가 첫 번째 목회지인 남부 내륙의 한 작은 침례 교회에 있을 때의 이야기이다. 교인들 중에는 아이가 여섯인 어떤 과부가 있었는데 그녀는 한 달에 40달러밖에 안 되는 보잘것없는 수입으로 가족을 부양하고 있었다. 어느 날 교회의 헌금 기록을 살피던 코스비 목사는 이 과부가 한 달에 4달러씩이나 헌금을 내고 있는 사실을 발견하고 깜짝 놀랐다. 그것은 그녀의 그 형편없는 수입의 십일조였다! 코스비 목사는 이 사실을 집사들에게 알렸고, 그들은 교회가 이 가난한 과부로부터 돈을 받고 있다는 사실에 코스비 목사만큼이나 놀라고 당황스러워했다. 교회가 그녀에게 돈을 주어야 할 판에 그녀가 헌금을 하고 있다니!

집사 위원회는 코스비 목사에게 그녀를 심방해서 그녀가 어려운 처지에서 벗어나도록 도와주라고 부탁했다. 그래서 코스비 목사는 그 과부를 방문하여 교회에 돈을 내야 한다는 의무감을 느낄 필요가 없으며 가족을 위하여 그 돈을 사용하라고 말했다. 그는 그 때의 상황을 이렇게 쓰고 있다. "나는 지금도 그다지 현명한 사람은 아니지만 당시에는 더 현명하지 못했다. 나는 그녀를 찾아가 집사들의 우려에 대하여 말하였다. 나는, 헌금의 의무에서 놓임받는 것이 얼마나 그녀에게 안도감을 줄 것인지 알고 있다고 내가 아는 한 아주 부드럽게 그리고 그 사정을 이해하는 듯이 말했다. 그러나 얘기를 나누던 중 그녀의 눈에는 눈물이 고였다. '목사님께 드릴 말씀이 있습니다.' 그녀는 말했다. '목사님은 제 인생에 존엄성과 의미를 주는 마지막 일을 앗아가고 계시군요.'"[1]

이 여인은 하나님의 형상으로 지음받은 사람이 된다는 것이 무엇을 의미하는지 잘 알고 있었다. 그녀의 존엄성은 그녀가 소유한 것에 근거하지 않고 그녀가 소유한 것으로 무엇을 했느냐에 근거해 있었다. 그녀는 하나님이 자신에게 맡긴 세상의 아주 작은 일부분에 대한 청지기가 된다는 것에 자부심을 가지고 있었다.

일과 결혼

결혼과 같이 우리의 사람됨에 본질적인 것에서도, 하나님의 청지기로 일하라는 부르심에 비추어서 그 의미의 일부를 찾을 수 있다. 하나님이 아담을 에덴 동산에 두시고 그 곳을 가꾸고 돌보는 일을 하게 하셨을 때 그분은 사람이 혼자 지내는 것이 좋지 못하다고 판단하셨다. 사람에게는 돕는 자가 필요했다. 동물들이 사람을 도울 수 있는지를 살펴보았으나 그러한 가능성은 곧 기각되었다. 성경의 표현대로, "적당한 돕는 자를 찾을 수 없었기 때문이다"(창 2:20, 표준새번역). 그래서 하나님은 어떻게 하셨는가? 하나님은 여자를 창조하셨다. 아담이 일할 때 돕는 이가 필요했으므로 하와를 지으시고 혼인 제도를 만드셨다.

성경을 보면 결혼에 대한 두 개의 이미지가 등장하는데, 그 중 한 가지는 오늘날 매우 인기가 있지만 다른 하나는 아예 무시되고 있다. 첫 번째는 두 남녀가 서로 눈을 마주 보고 있는 것이다. 친밀함과 깊은 개인적 만남을 표현하는 이 이미지는 현대 세계를 장악하고 있다. 성경에서 이를 가장 잘 표현한 것이 바로 아가서다.

두 번째 이미지 또한 성경적인 것으로, 오늘날 그 첫 번째 이미지와 균형을 맞추기 위하여 꼭 필요한 이미지이다. 그것은 두 사람이 서로 마주 보는 대신 서로의 어깨를 대고 같은 짐을 지고 같은 방향을 바라보는 이미지이다. 이것은 혼자서는 하기 어려운 일을 함께 해 나가는 것을 말해 준다. 창세기 2장을 보면 이를 가장 잘 표현한 부분이 나오는데, 그것은 매일의 일상을 넘어 영원에까지 미친다. 그리스도인에게 혼인의 깊은 의미는, 결혼을 제자됨의 한 행위로서, 예수 그리스도에 대한 순종과 섬김으로 바라보는 것에서 발견된다. 이것은 다른 모든 것에 대해서도 마찬가지다. 디트리히 본회퍼(Dietrich Bonhoeffer)는 어떤 젊은 커플의 결혼식에서 바로 이러한 점을 생각하면서 그들을 권면했다. "여러분은 결혼 생활을 시작하면서 행복의 천국만을 기대하고 있습니다. 그러나 여러분은 결혼함으로써 세상과 인류를 향한 책임을 맡는 부서에 임명받게 되었다는 점을 기억하십시오."

두 번째 이미지가 우리를 안내해 주지 않는다면, 결혼은 자기 연민적이며 자기 도취적인 것이 되고 만다. 그리하여 결혼은 흔히 그 위에 쌓아 둔 기대의 무게를 견디지 못하고 무너지게 되는 것이다. 두 번째 이미지가 있다면 우리의 결혼은 내적 전망과 외적 전망의 균형을 이룰 수 있을 것이다. 결혼에는 개인적인 성취 이상의 무엇인가가 있다는 사실, 즉 하나님의 영광을 위하여 함께 해야 할 일이 있다는 사실을 깨닫게 될 때 부부 관계에 신선한 바람이 불어 들고 다시 그들을 통하여 밖으로 퍼져나가 다른 사람들에게까지 미칠 것이다. 그렇게 될 때 오히려 감사하게도 개인적인 성취는 좀더 넓은 활동의 부산물로서 주어지게 될 것이다.

사람됨의 신비

우리의 사람됨은 얼마나 신비로운가! 하나님은 창조 사역을 모두 마치시고, 거기에서 한걸음 물러나 계시면서 자신을 낮추사 우리를 당신의 파트너로, 당신의 동업자로 삼으셨다.

한 부자 농부가 주일 예배 후에 목사님을 저녁 식사에 초대하였다. 전통적인 프라이드 치킨과 애플 파이를 먹은 후에 농부는 목사님을 모시고 산보를 나가 자신의 농장을 둘러보게 하였다. 그들은 언덕 꼭대기로 올라가서 그 지역을 둘러보았다. 두 사람 주위에는 수십 킬로미터에 걸쳐서 아름답게 가꾸어진 과수원과 구역 별로 나뉘어 줄지어 자라는 곡식들과 다양한 녹색의 음영을 이루고 있는 기하학적 모양의 전답들이 펼쳐져 있었다. 그것을 본 목사님은 감탄사를 연발했다. "장관이군요! 하나님은 참으로 놀라우신 분이에요! 하나님의 손으로 지으신 이 모든 작품들이 얼마나 아름답습니까!" 그러자 농부는 짓궂은 표정으로 자신의 손님을 바라보면서 대답했다. "목사님 말씀이 옳습니다. 그러나 목사님은 제가 이 곳에 손대기 이전 하나님이 혼자서 그 일을 다 하셨을 때 이 장소의 모습을 한번 보셨어야 해요!"

하나님은 우리에게 만물을 주시고 그것을 개발할 책임을 맡기신다. 하나님은 우리에게 자연을 주시고, 문화를 창출하라고 부탁하신다. 하나님이 주시는 것은 원자재들이다. 그리고 우리에게 있는 것은 장인(匠人)의 기술이다. 그러나 이 가운데 어떤 것도 하나님과 상관없이 완전한 우리의 것은 없다. 피조물은 하나님의 권위 아래서, 그를 의지할 때만이 우리의 것이다. 마틴 루터는 "암소의 젖을 짤 때도 하나님은 당신을 통해 일하신다"고 했는데 정말 맞는 말이다.

우리의 사람됨은 얼마나 신비로운가! 우리는 일함으로써 사실상 하나님의 창조 사역과 같은 일을 할 수 있다. 대부분의 일은 너무나 흔하고 일상적이어서 일할 수 있다는 기본적인 사실이 지닌 경이감(驚異感)으로 그것을 바라보고 경탄하는 경우는 드물다. 어떤 소녀가 그림을 그리고 있을 때 그녀의 아버지가 너무도 자랑스러워하며 어깨 너머로 그것을 바라보고 있었다. 환하게 웃으면서 아버지가 딸에게 말했다. "참 잘 그렸구나, 얘야. 어떻게 이렇게 잘 그릴 수 있지?" 그러자 그 소녀는 마치 어린애들이나 그런 질문을 할 수 있다는 듯이 양미간을 찌푸리고 잠깐 동안 생각한 뒤에 이렇게 대답했다. "먼저 생각을 해요. 그런 다음에 생각한 것을 그리지요."

생각을 그리는 것, 이것이 바로 일이다! 밖에는 세계가 펼쳐져 있고 거기에는 무엇인가 부족한 것이 있다. 우리가 해야 할 일이 있다. 접시 닦기,

엔진 오일 교환, 은행 잔고 맞추기, 기저귀 갈기, 원자(原子) 분리, 우주 비행선 발사 등 우리는 그 일을 생각해 내고, 손과 연장을 사용하여 그 일을 할 수 있다!

단순한 잡일부터 아주 힘들고 복잡한 일에 이르기까지 모든 일은 경이이며 기적이다. 그 일들은, 우리가 하나님처럼 되어 하나님처럼 일하도록 즉 하나님의 청지기가 되어 땅을 다스리라고 그 분이 우리에게 주신 선물이요 복이다. 일하는 것은 우리의 사람됨에 본질적인 무엇인가를 하는 것이다.

일하기 위해 사는가, 살기 위해 일하는가?

간단히 말해서 우리는 일하기 위해 창조되었다. "일은 원래, 우리가 살기 위하여 하는 것이 아니다. 그것을 하기 위하여 우리가 살아가는 것이다"라고 도로시 세이어즈(Dorothy Sayers)는 쓰고 있다.[2] 대부분의 경우에 우리가 일하지 않으면 살 수 없는 것이 사실이다. 그러나 그것이 하나님이 우리를 일하는 자로 만드신 가장 중요한 이유는 아니다. 또한 많은 사람들이 일을 복이 아닌 저주로 느끼는 것도 사실이다. 그러나 (다음 장에서 우리가 살펴보겠지만) 일 그 자체가 저주는 아니다. 오히려 죄 때문에 일이 저주의 피해자가 되었다. 하나님의 본래 의도는 우리를 일하는 자로 만들어서 하나님처럼 되게 하고 하나님이 이 세상에서 하시고 있는 것처럼 일하는 즐거움과 성취감을 맛보도록 하는 데 있었다. 우리는 일하기 위해 지음받았다.

세이어즈는 계속해서 이렇게 말한다. 만약 우리가 일에 대한 가르침이 의미하는 바를 진정으로 이해하고 그것을 마음판에 새겼다면 그 결과는 우리들 개개인의 삶뿐만 아니라 우리 사회에 혁명적이었을 것이다. 여기에서 그녀의 결론만을 언급하는 것이 이 책을 읽는 많은 사람들에게 분노나 헛갈림을 초래하지 않을지 걱정이 된다. 하지만 이 결론은 너무 뚜렷해서 피할 수 없다.

급료와 수익을 예로 들어 보자. 만약 우리가 일에 대한 성경의 가르침을 진정으로 믿고 그에 따라 우리의 삶을 바로잡아 간다면 우리는 급료와 수익의 문제에 대하여 새로운 종류의 질문을 하게 될 것이다. 우리는 어떤 사람에 대하여 "그 사람은 수입이 얼마나 되는가?"를 묻지 않고 "그 사람이 하는 일이 어떤 가치가 있는가?"를 묻게 될 것이다. 그리고 우리 자신의 일에 대해서도 "이 일을 하면 얼마를 받을 수 있겠는가?"를 묻지 않고 "이 일은 가치 있는 일인가?"를 묻게 될 것이다.

성경은 일에 귀천이나 차별이 있다고 말하지 않는다. 어떤 일도 천하지 않다. 사람의 손길이 필요한 일이 있다면 그 일은 가치 있는 일이다. 사울은 왕이 된 이후에도 소를 몰고 밭을 갈았지만 그것은 이스라엘의 왕으로서 그가 지녀야 할 존엄성에 조금의 누도 끼치지 않았다. 그러나 하나님의 피조물에 대한 청지기라는 우리의 소명에 비추어 볼 때 보수는 대단히 많아도 그 가치는 보잘것없는 일들이 있다.

일본이 낳은 위대한 그리스도인인 토요히코 가가와 한번은 연회에 주빈(主賓)으로 초대받은 적이 있다. 연회장으로 가는 도중에 그와 그의 일행은 화장실에 들렀다. 그리고 나서 일행은 연회장으로 들어갔는데, 그들은 자리에 다 앉은 후에야 그 날의 주빈이 그 자리에 없다는 것을 알게 되었다. 한참 동안 사방팔방을 다 찾아본 후 그 중 한 사람이 다시 화장실을 찾아가 보자는 제안을 했다. 과연 화장실에 가가와 씨가 있었다. 거기에서 그는 다른 사람들이 화장실 바닥에 흘린 휴지를 줍고 있었다! 존엄성이란 특별한 일을 함으로써 오는 것이 아니라 청지기로 섬기는 데 있다는 사실을 아는 사람에게 결코 천한 일은 없다.

만약 참으로 일에 대한 성경의 가르침에 따라 생활을 정립하고자 한다면 우리는 "내가 이 일로 얼마나 벌 수 있을 것인가?"를 묻지 않고 "이 일이 나의 은사와 능력을 충분히 발휘하게 해줄 것인가?"를 묻게 될 것이다.

공장주나 광고주들은 "어떻게 사람들로 하여금 이 물건을 사게 만들 것인가?"를 더 이상 묻지 않고 대신에 "이 물건이 과연 살 만한 가치가 있는가?"를 묻게 될 것이다.

세이어즈는 다음과 같은 글을 썼다. "우리는 일을 하면서 가져야 할 바람직한 목적은 돈을 벌기 위한 것이라는, 즉 일에 쏟아 부은 노력만큼 또는 그 이상으로 이익이나 대가를 보상받아야 한다는 고정 관념을 가지고 있다."[5] 그러나 이것이 일을 하는 올바른 목적은 아니다. 일을 하는 올바른 목적은 하나님의 동역자와 청지기가 되어 이 땅을 다스리라는 그 분의 명령에 순종함으로써 하나님께 영광을 돌리는 것이다.

만약 우리가 지금 하는 일이 하나님의 모습을 닮아 가고 하나님의 사랑과 권위를 피조물에 행사하라는 그 분의 부르심을 행하는 것이 아니라는 생각이 든다면, 다음의 둘 중 하나가 잘못된 것이다. 우리에게 비전이 결여되어 있거나 볼 수 있는 능력이 없는 것이다. 따라서 우리가 하는 일을 하나님의 목적과 연결시킬 수 있도록 명철을 주시기를 간구해야 한다. 그렇지 않으면 지금 우리가 하는 일은 무가치한 일이 되며 차라리 그것을 당장 그만두는 것이 마땅하다.

급료나 수익을 바라는 마음이 잘못되었다는 말은 아니다. 다만 아무리 타당한 상황이라 하더라도 급료나 수익의 문제는 부차적인 것이며, 잘못되면 그것이 해가 될 수도 있다는 말이다. 급료와 수익은 가치 있는 일을 잘 해냈을 때 따라오는 부산물이어야 하며, 그 자체가 일을 하는 첫째 이유가 되어서는 안 된다. 만약 급료와 수익이 우리가 일을 하는 가장 중요한 이유가 된다면, 그 순간부터 우리의 일은 더 이상 하나님의 영광을 위한 것이 아니라 우리 자신의 영광을 위한 것이 되며, 그 의미를 잃게 된다.

일과 여가

일에 대한 성경적 개념을 진정으로 믿고 그에 따라 우리의 삶을 바로잡아 간다면, 우리는 일과 여가에 대해 새로운 태도를 취해야 할 것이다. 만약 일이란 하나님이 그것을 위해 우리를 만드실 만큼 중요한 것이라고 믿는다면—즉 우리가 살기 위해 일하지 않고 일하기 위해 산다고 믿는다면—우리는 일을 단순히 놀기 위해 서둘러서 끝마쳐야 하는 것으로 여겨서는 안 된다. 놀이와 휴식은 삶에 지친 우리를 재충전해 주는 생활의 속도나 리듬의 변화이며, 그 목적은 하나님이 우리에게 맡기신 일을 즐거운 마음으로 다시 시작하게 하는 것이다.

인기 있는 연재 만화 '피넛츠'(Peanuts)의 작가인 찰스 슐츠(Charles Schulz)가 로스엔젤레스 타임즈 지와 인터뷰를 한 적이 있다. 그는 자신의 집을 방문하여 자신이 일을 얼마나 미리미리 해야 하는지 알고 나서 놀라는 손님들에 대하여 이렇게 말했다.

> 한 사람의 방문객도 빼놓지 않고 한마디씩 합니다. "어허, 당신은 정말 일을 열심히 할 수 있겠군요, 그렇지 않아요? 아마도 몇 개월은 앞서서 일을 해치울 수 있겠어요. 그런 다음에는 쉽니까?"
>
> 저는 참 배우는 데 느린 사람이 되어서 말이에요. 이 괴이쩍은 말이 정말로 무엇을 의미하는지를 작년에서야 깨닫게 되었지 뭡니까. 우리는 더 이상 할 필요가 없는 일을 평생을 다 바쳐서 하지는 않습니다. 그렇게 할 필요가 없어요. 그 질문을 다시 말한다면, 베토벤이 좀 쉴 틈을 얻기 위하여 몇 개의 교향곡들을 빨리 휘갈겨 썼다거나 피카소가 휴가를 가기 위해서 열댓 개의 그림을 그리는 데 몰두했다고 할 수 있겠군요. 물론 비교가 좀 지나치기는 하지만 말입니다.
>
> 우리는 지금 휴가를 숭배하는 사회에 살고 있습니다.[4]

나는 또한 우리가 은퇴를 숭배하는 시대에 살고 있다는 점을 덧붙이고 싶다. 더 이상 할 필요가 없는 일에 평생을 바친다는 것이 얼마나 이상한 일인가! 이 말은 우리가 은퇴할 필요가 없다는 말이 아니다. 그러나 우리는 은퇴에 대하여 주의해야 한다. 우리는, 좋은 삶이란 우리 인생의 황혼기에 수년 동안의 일을 상당 기간의 레크리에이션과 즐김으로 보상받는 것이라는 생각을 비판적으로 봐야 한다. 대신에 우리는 은퇴를 아마도 건강이 허락하는 한 지금 하고 있는 일을 중단하지 않고 여유 있게 하는 시간 또는 아예 새로운 분야에 노력을 경주하는 시간으로 보아야 할 것이다!

나의 장인 어른과 장모님은 은퇴한 지금도 계속해서 일을 하시는데 나는 그것을 무척 소중하게 생각한다. 그 분들은 전에 하던 일을 지금도 계속하신다. 단지 변한 것이 있다면 일의 양과 속도를 알맞게 조절해서 한다는 것이다.

그의 아들 대니얼과 가족들이 자이레에 선교사로 갔을 때 장인 장모는 그 곳에 나가서 자녀들을 돌보고 할 일들을 도와주었다. 지난 여름 내가 안식년을 맞이했을 때 그 분들은 자상하게도 우리 가족을 거의 석 달 동안이나 보살펴 주어서 그 덕분에 나는 마음 놓고 집을 떠나 연구에 몰두할 수 있었다. 두 분이 집에 계실 때는, 아직도 그들이 출석하는 교회에서 귀히 여기는 일꾼들이다.

내가 말하고자 하는 요지는 그 두 분이 은퇴 이전에 항상 해 왔던 모든 일을 여전히 즐기면서 계속하고 계신다는 것이다. 변한 것이 있다면 이제는 그렇게 아침 일찍 일어날 필요가 없으며, 매일같이 출근할 필요도 없다는 것이다. 예전과는 달리 반드시 해야 한다는 의무감도 없으며, 일을 하면서도 더 많은 자유를 누릴 수 있다. 그들은 스스로가 봉사하기를 원했기 때문에 예전에 하던 것들을 지금도 그대로 하고 있으며, 일을 하는 것이 좋다는 것을 더 깊은 차원에서 이해하고 있다. 일은 저주가 아니라 복이다.

더 좋은 일들!

일하기를 중단하는 것보다 더 나은 일들이 있다. 우리에게는 할 일이 있다. 그것은 그저 그런 유희보다 훨씬 유익이 있다. 실제로 성경은 우리가 하나님의 청지기로서 행하는 일들이 바로 우리의 영광이자 영예이며, 하나님의 온갖 피조물들 중에서 다른 모든 피조물과 우리를 뚜렷이 구별해주는 것이라고 말한다. 다윗은 하나님 앞에서 그 경이로움을 이렇게 외치고 있다.

> 주의 손가락으로 만드신 주의 하늘과 주의 베풀어 두신 달과 별들을 내가 보오니 사람이 무엇이관대 주께서 저를 생각하시며 인자가 무엇이관대 주께서 저를 권고하시나이까(시 8:3-4).

사람이라는 것이 진정 무엇인가? 이 우주의 삼라만상(森羅萬象) 앞에서 사람이라는 것이 대체 무엇이란 말인가? 없는 것보다도 못해 보인다. 그렇지만 다윗은 사람을 청지기로 만드시고 그에게 영광과 존귀를 옷 입히신 하나님을 엄청난 경이 가운데 찬양할 수 있었다.

> 저를 천사보다 조금 못하게 하시고 영화와 존귀로 관을 씌우셨나이다. 주의 손으로 만드신 것을 다스리게 하시고 만물을 그 발 아래 두셨으니…여호와 우리 주여, 주의 이름이 온 땅에 어찌 그리 아름다운지요(시 8:5-6, 9).

일하는 것은 우리의 영광과 존귀이며 그 이상이다. 그것은 하나님의 영광과 존귀이다. 위의 시편에 따르면, 하나님의 이름의 엄위와 영광이 지상에서는 하나님의 형상으로 지음받아서 그 분처럼 이 땅을 다스리고 돌보는 사람 안에서 발견될 수 있다. 그것은 마치 위대한 화가였던 레오나르도 다 빈치가 그의 생도 중 한 제자에게 했던 것과 아주 흡사하다. 다 빈치는 몇 주에 걸쳐서 아주 고생하면서 화폭에 작업을 하고 있었다. 거의 완성된 그림은 탁월해 보였다. 그림의 주제도 아주 세심하게 선택되었으며 레오나르도의 독특한 관점과 신중하게 선택된 색조를 담고 있었다. 그런데 갑자기 그림 그리기를 중단한 다 빈치는 한 생도를 불러 붓을 넘겨 주면서 말했다. "자, 네가 그림을 끝마치도록 해라." 학생은 그렇게 아름다운 그림을 완성시킬 자격도 없으며 그럴 능력도 없다고 항변하였다.

그러자 다 빈치가 말했다. "내가 해 온 작업이 그대가 최선을 다하도록 영감을 불어넣지 못했단 말인가?"

하나님이 하신 그 거장(巨匠)으로서의 작업이, 그의 동역자인 우리가 최선을 다하도록 우리의 영감을 일깨우고 있지 않은가?

토론 문제

1. "왜 일을 합니까?"라는 물음에 당신은 어떻게 대답하겠는가?
2. "일은 하나님이 주신 선물이며 복이다"라는 말을 들을 때 어떤 느낌이 드는가?
3. 어떤 방식으로 청지기 역할을 당신의 생활 방식에 적용하겠는가?
4. "우리의 존엄성은 우리에게 주어진 것으로 우리가 하는 일에서 나온다"는 말에 대하여 토론하라.
5. "우리는 휴가를 숭배하는 사회에 살고 있다"는 말에 특히 유의하면서 찰스 슐츠와의 인터뷰 내용에 대하여 토론하라.

2
이 따위 직업 관두겠소 사표나 받으시오!

여기에 남자로 태어나 식료품 상인으로 죽은
토머스 존스의 시신이 누워 있다

– 스코틀랜드에 있는 어느 묘비명

"이 따위 직업 관두겠어. 사표나 받아." 통나무 여관에 가면 언제나 들을 수 있는 말이다. 통나무 여관은 여인숙 겸 음식점으로 주위 사무실과 창고, 경공업 공장 등에서 온 사무직 종사자들과 노동자들이 주 고객을 이루는 곳이다. 때때로 나는 담배 연기 자욱한 이 군중 속을 비집고 들어가 폴리쉬 소시지나 칠리 덕(핫도그의 일종-편집자 주)을 먹으면서, 좋아하는 음료수를 마시거나 잠깐씩 당구를 치는 사람들, 미식 축구 경기에 돈을 걸고 쥬크 박스에서 흘러나오는 음악에 맞추어 고함을 내지르는 사람들을 관찰한다.

쥬크 박스! 25센트 동전을 집어넣는 사람들에게 그 박스에서 흘러나오는 음악은 그들의 차(車), 입고 다니는 옷, 그들이 마시는 맥주 상표 등과 같은 그들의 삶에 대한 해설이다. 연주 시간을 어림잡아 본다면 단연 으뜸으로 자주 나오는 곡은 쟈니 페이체크(Johnny Paycheck)가 부른 컨트리 앤드 웨스턴 풍의 "이 따위 직업 관두겠어. 사표나 받아!"였다.

분명 대부분의 미국인들은 사장이나 회사에 이 따위 직업 때려치우겠으니 사표나 받으라고 말하고 싶을 것이다. 스터즈 터켈(Studs Terkel)은 다양한 직장에서 일하는 수많은 사람들을 인터뷰한 뒤에 그의 베스트셀러인 「일」(Working)에서 다음과 같은 결론을 내렸다. "일에 관한 이 책은 일의 본질상 폭력에 관한 것이다. 그것은 정신적인 폭력인 동시에 육체적인 폭력이다. 이 책은 위궤양과 사고(事故)와 고함지르며 맞싸우는 것, 주먹다짐에 대한 것이며, 신경 쇠약과 주변에 있는 애꿎은 강아지를 발길질하는 것에 대한 책이다. 그리고 무엇보다도 매일의 굴욕에 대한 것이다. 매일 살아남기만 한다면 상처투성이인 채로 걸어 나갈 수 있다는 것만으로도 대다수의 사람들에게는 대단한 승리이다."[1]

돈, 사장, 체제

일에 있어서 무엇인가 분명 잘못된 것이 사실이다. 하나님은 우리를 일꾼으로 삼으셨지, '상처투성이인 채로 걸어 나가는 자'로 만들지 않으셨다. 태초부터 하나님은 사람됨의 필수 요소로, 선물과 복으로 일을 주셨다. 우리가 살기 위해 일하지 않고 일하기 위해 살게 하신 것이 하나님의 원래 의도였다. 그러나 많은 사람들이 그 반대로 일은 우리가 살기 위해 하는 것이라고 생각한다. 도대체 무엇이 잘못되었는가?

이 질문에 대한 답변은 너무나 다양하다. 우리가 듣는 대답의 대부분은 돈, 사장, 혹은 체제와 관련이 있다. 낮은 임금, 형편없는 작업 환경, 얼간이 같은 감독관 혹은 지루하고 의미 없는 업무 같은 것 말이다.

그러나 성경은 "일에 무엇이 잘못되었는가?"라는 물음에 단 한 가지 답을 제시하는데 그것은 바로 **죄**이다. 이 말은 앞에서 언급한 다른 모든 대답이 잘못되었다는 뜻이 아니다. 다른 대답 모두에 진실이 담겨 있다. 그러나 죄가 그 모든 것의 뿌리이다. 나머지는 그 뿌리에서 나온 가지들의 일부이다. 죄가 질병이라면, 돈이나 사장이나 체제는 그 증상의 일부에 지나지 않는다.

죄란 무엇이며 그것이 어떻게 우리의 일에 영향을 미치는가? 잠시 창세기의 첫 장으로 돌아가서 첫 사람인 아담과 하와에게 일하라고 명령하신 하나님의 말씀을 살펴보자. 앞서 살펴보았다시피 하나님은 그들로 하여금 하나님의 청지기가 되어 땅을 **다스리고 돌보라**고 명령하신다. 즉 하나님의 재산을 맡아 주인의 이해 득실에 맞게 그것을 경영해야 할 책임을 받은 것이다.

특별한 나무 두 그루-하나님의 위대한 모험

하나님이 이 두 청지기에게 주신 첫 번째 일은 동산을 가꾸는 것이었다. 그 곳에서 자라는 많은 나무들 가운데에는 동산의 중앙에 나란히 서 있는 특별한 두 그루의 나무가 있었다. 하나는 생명 나무였으며, 다른 하나는 선악을 알게 하는 나무였다. 아담과 하와가 그 동산을 가꿀 때 하나님은 생명

나무의 실과는 먹어도 좋다고 말씀하신다. 그 생명 나무는, 하나님이 일을 창조하셨을 때 의도하신 대로 일을 마침으로 말미암는 생명과 성취를 나타낸다. 실제로 아담과 하와가 동산에서 가꾸는 나무, 즉 그들이 그 곳에서 하는 일은 그 안에 생명의 가능성을 지니고 있었다.

또 다른 나무는 전혀 다른 것이었다. 그것은 선악을 알게 하는 나무다. 하나님은 아담에게 그 나무에 대하여 "너는 선악을 알게 하는 나무의 실과는 먹지 말라. 너희가 먹는 날에는 정녕 죽으리라"(창 2:17)고 말씀하신다. 이는 아담과 하와에게 선택권이 있음을 보여 준다. 즉 하나님께 순종하여 일하거나 하나님께 불순종하여 일하는 두 개의 선택이 있음을 말해 준다.

이 점을 잘 생각해 보자. 아담이 일하는 청지기로서 돌보아야 할 많은 것들 중에는 두 개의 놀랍고 신비스러운 나무가 있었다. 두 나무는, 삶과 죽음, 선(善)과 악(惡)이라는 중요한 문제가 일의 선물에 포함된다는 것을 가르쳐 준다. 사람은 이 양극 사이에서 선택을 하는 존재다. 아담과 하와(및 후손들)는 하나님의 위대한 모험의 대상이다. 그들만이 하나님을 따르느냐 하나님을 거역하느냐 하는 선택의 자유를 가지기 때문이다. 일이라는 신성한 선물에는 신성한 힘과 가능성 곧 우리의 창조주 하나님께 '예'나 '아니오'를 말할 수 있는 자유가 따른다.

성경은 아담과 하와, 그리고 그 후손들이 하나님이 우리에게 먹지 말라 명하신 나무의 과실을 따먹었다고 말한다. 바꿔 말해서 그들과 우리가—모두 다 함께—하나님께 '아니오'라는 대답으로 우리의 자유를 행사했다는 것이다. 한마디로 말해서 바로 이것이 죄다. 그리고 또 한마디로 말해서 바로 그 점에서 일이 잘못되었다.

그리스도인들은 아담과 하와의 이 원초적이고 원형적인 불순종을 '타락'이라고 불렀다. 모든 피조물은 죄와 타락의 영향을 받았다. 하나님과의 이 최초의 불화에 의해 영향을 받지 않은 것은 아무것도 없다. 더 중요한 점은 이 균열이 네 가지의 근본적인 인간 관계의 중심을 가르고 있다는 것이다. 하나님과의 관계, 우리 자신과의 관계, 인간 상호간의 관계, 그리고 "일에 있어서 무엇이 잘못되었는가?"라는 우리의 물음에 중요한 요소가 되는 것으로 땅과의 관계와 그 땅에서 하는 우리의 일과의 관계가 그것이다. 하나님은 아담에게 이렇게 말씀하신다.

> 네가 네 아내의 말을 듣고 내가 너더러 먹지 말라 한 나무 실과를 먹었은즉 땅은 너로 인하여 저주를 받고 너는 종신토록 수고하여야 그 소산을 먹으리라. 땅이 네게 가시덤불과 엉겅퀴를 낼 것이라. 너의 먹을 것은 밭의 채소인즉 네가 얼굴에 땀이 흘러야 식물을 먹고 필경은 흙으로 돌아가리니, 그 속에서 네가 취함을 입었음이라. 너는 흙이니 흙으로 돌아갈 것이니라(창 3:17-19).

사람들이 말하다시피 그 나머지는 역사이다. 그것도 한 가지 면에서가 아니라 여러 가지 면에서 그러하다. 성경은 이 첫 부부의 이야기가 또한 바로 우리의 이야기임을 이해시키고자 한다. '타락성'은 조건 즉 우리 모두가 태어날 때부터 주어지는 현실이다. 인간의 조건을 분석하는 현대 세속 분석가들은, 인간과 일을 '아직' 선하지는 않지만, 개선되고 완성될 것으로 보는 경향이 있다. 성경은 그 반대의 입장을 취하여 인간과 일을 '더 이상' 선하지 않으며 따라서 구원받아야 할 대상으로 본다.

타락성은 우리가 태어날 때부터 주어지는 조건일 뿐만 아니라 우리가 선택한 조건이기도 하다. 우리 각 사람은 모두 죄를 지었다. 우리 모두는 일이 타락한 데 책임을 지고 있다. 우리는 또한 우리가 하는 일에서 우리의 길을 가겠다고 선택했으며 그리하여 일과 함께 우리도 타락하게 되었다.

그 타락에도 불구하고 여전히 일이 본래의 아름다움을 조금이나마 보존하고 있다는 것은 정말 감사한 일이다. 일은 여전히 큰 기쁨과 성취의 원천이 될 수 있다. 그러나 비록 일이 선하다고 할지라도 그 일은 온전치 못하고, 망가진 것이다. 일은 투쟁과 허탄함, 탐욕과 불안 같은 죄의 표지(標識)를 가지고 있다.

투쟁

죄가 들어와 처음부터 지금까지 하고 있는 일은, 일을 투쟁으로 만드는 것이다. 대지는 더 이상 우리의 수고의 결실을 쉽사리 내어놓지 않는다. 하나님은 "땅은 너로 인하여 저주를 받고, 너는 종신토록 수고하여야 그 소산을 먹으리라"(창 3:17)고 말씀하셨다. 타락 이후 우리는 많은 피와 땀과 수고, 때로는 눈물을 흘린 뒤에야 생명을 유지할 수 있게 되었다.

당신은 오토바이 엔진을 고치거나 그림을 그리는 일, 또는 수학 문제를 풀거나 오래된 의자를 다시 손보는 일 등에 너무나 골몰하여서 시간이 얼마나 흘러갔는지도 모르는 채 깊이 빠져들어 기쁨과 만족을 느낀 적이 있는가? 타락 이전의 일은 그렇게 느껴졌을 것임에 틀림없다. 일은 일종의 선물, 하나님으로부터 받은 '해도 좋고 하지 않아도 좋은'(may) 그러한 선물이었다. 그러나 타락 이후에 일은 요구, '반드시 해야 하는 것'(must)이 되었다. 그 전에 일은 즐거운 명령이었다. "일도 하고 먹기도 하라." 그러나 이제 일은 쓰라린 필수 요건이 되었다. "일하지 않으면, 먹지도 못한다."

분노는 이러한 상태를 표현하는 데 쓰인 고전적인 신학 용어이다. 분노는 죄에 대한 하나님의 거룩한 진노를 표시하는 데 쓰인 성경의 용어이다. 우리의 일과 관련하여 분노는, 한때 하나님과 우리의 사귐의 일부였던 일이란 것이 이제는 우리가 하나님의 저항과 반대를 경험하는 주된 영역이 되었음을 의미한다.

타락 이전에 일은 하나님과의 사귐 안에서 이루어졌다. 그러나 이제 일은 소위 자연의 '법칙'이라는 냉혹한 비인격적 환경에서 이루어져야만 한다. 한때 선물과 자유였던 일이 이제는 우리를 속박하는 강요 사항이 된 것이다. 우리 모두가 단순히 일해야만 한다는 것, 그것도 우리의 필요에는 전혀 무관심한 것처럼 보이는 세계에서 일해야 한다는 것, 이것이 바로 우리를 힘들게 한다. 억지로 일하지 않고서도 살아갈 수 있는 사람은 극소수이다. 그리고 흔히 그 사람들이 누리는 일로부터의 자유는 다른 많은 사람들을 노예로 부린 대가이다. 앞으로 어떤 종류의 일을 할 것인가를 결정하는 약간의 자유를 가진 사람들조차도 역시 소수이다. 톰 사인(Tom Sine)의 말대로 나머지 사람들이 유일하게 선택할 수 있는 것은 어느 어깨에 그 짐을 나르느냐뿐이다. 한때 기꺼이 그 소산을 내주었던 땅은 이제 음식을 얻기 위해 맞잡아 씨름하지 않으면 안 되는 대상이 되었다.

브로드웨이 뮤지컬인 '포기와 베스'(Porgy and Bess)에서 흑인 노예는 모든 면에서 우리 모두에게 진리인 것이 무엇인지를 말한다. 흑인 노예(그리고 우리)는, 자신의 비참한 처지에 대하여 귀멀고 눈먼 듯 그저 계속해서 물결 따라 흐르는 '늙은이 같은' 강 위에서 수고하며 기를 쓰고 있다.

헛됨

투쟁하는 일과 더불어 거기에는 또한 비극적이고 아이러니한 뒤틀림이 있다. 그렇게 억지로 무관심하게 아담을 먹여 살리는 바로 그 땅이 언젠가 그 아담을 삼켜 버릴 것이다! 하나님은 아담에게 그가 "흙으로 돌아갈 때까지" 평생 동안 먹을 것을 얻기 위해 땅과 씨름해야 한다고 말씀하신다. 그리고 "네가 흙에서 취함을 입었음이라. 너는 흙이니 흙으로 돌아갈 것이니라"(창 3:19)고 말씀하신다. 우리가 살아남기 위하여 힘들게 흘린 그 땀과 노력이 어느 날 우리를 죽일 것이다. 그러므로 이 땅과의 싸움은 또한 죽음과의 싸움이기도 하다.

이 사실이 참이라는 것을 깨닫기 위하여 군이 성경까지 읽을 필요는 없다. 체스터톤(G. K. Chesterton)은 기독교의 모든 교리 중에서 타락의 교리 혹은 원죄의 교리만이 유일하게 경험적으로 입증될 수 있는 교리라고 말했다. 우리는 주변에서 일의 치명적인 영향에 대한 증거들을 아주 많이 볼 수 있다. 어느 신문이든지 일요일판을 집어서 일 후유증 직통 전화와 노동 상해 및 스트레스 감소 센터에 대한 광고를 읽어 보라. 그 전형적인 예가 바로 로스앤젤레스 타임즈 지에서 따온 아래와 같은 광고다.

일에서 오는 압박이 너무 심하십니까? 과로하고 있습니까? 직장에서 시달리십니까? 골치가 아픕니까? 잠을 제대로 잘 수 없습니까? 위통이 있습니까? 낙심한 상태입니까? 신경 쇠약이나 신경 발작이 있습니까? 가슴에 통증이 있습니까? 부당 해고를 당했습니까? 부당 대우를 받고 있습니까? 즉시 전화하셔서 도움을 청하십시오. 치료와 함께 현금 혜택도 받을 수 있습니다. **여러분에게는 전혀 비용이 들지 않습니다. 모든 것은 무료입니다.** 당신의 고통을 지금 당장 끝내십시오. 당신은 혼자가 아닙니다. **스트레스를 당장 그치십시오** 우리가 책임지겠습니다!

우리가 쓰러졌을 때 일도 함께 쓰러져 버렸다. 그리고 그 타락(넘어짐, 저자는 여기에서 '넘어지다'는 뜻과 '타락하다'는 뜻을 동시에 지닌 영어 단어 'fall'을 사용하여 중의적인 표현을 유도했다—편집자 주)은 우리의 일에 허무라는 수의(壽衣)를 덮어 주었다. 우리의 일의 종국이 죽음이 아니면 무엇이란 말인가?

내 아버지는 쉰아홉에 동맥경화로 돌아가셨다. 내 생각에는 좀 일찍 돌아가셨다고 생각된다. 그는 무슨 일을 하든지, 반드시 이 일을 해야만 한다는 압박감에 시달렸다. 그는 오로지 외상값을 갚기 위해 일했고, 일하지 않을 때는 그 외상값들을 걱정했다. 아버지가 돌아가신 후 아버지의 개인 서류철을 정리하면서 고무줄로 묶어 놓은 지불된 수표와 영수증 다발을 발견하였다. 일과 죽음과 싸워 오셨던 아버지의 투쟁의 순간들을 바라보면서 나는 깊은 한숨을 내쉬지 않을 수 없었다. 그것들 중 어느 하나라도 지금 중요한 것이 있는가? 그러나 하나님은 일이 바로 그러한 식으로 될 것이라고 말씀하셨다. 땅(우리는 하나님처럼 땅을 다스리도록 창조되었다)은 죽음으로 나의 아버지를 삼켜 버렸다. 그렇게 그 땅은 우리를 삼킬 것이다.

스코틀랜드 어디엔가는 이 모든 사실을 아주 간결하게 종합한 묘비가 있는데 거기에는 이런 비문이 새겨져 있다. "여기에 남자로 태어나 식료품 상인으로 죽은 토머스 존스의 시신이 누워 있다." 하나님은 사람들이 무언가를 할 수 있게 하시려고 일을 창조하셨다. 그리고 사람들은 일을 함으로써 하나님처럼 될 수 있었다. 시편 8편은 하나님이 우리를 천사보다 조금 못하게 하시고 영광과 존귀로 관을 씌우사 그의 피조물을 다스리게 하셨다고 말한다. 그러나 타락한 세계에서의 일은, 일하는 사람을 일의 노예로 만드는 경향이 있다. 그것은 천사보다 조금 못하게 되는 것이 아니라 사람보다 조금 못하게 되는 것이다.

탐욕과 불안

투쟁과 허무감을 느끼며 일하는 것은 보통 불안을 함께 유발시킨다. 창세기 3장은 이 문제를 직접적으로 말하고 있지 않지만, 그 주제는 성경 전체를 통하여 흐르고 있으며 특히 어리석은 부자에 대한 예수님의 비유에 집약되어 나타난다. 이 어리석은 사람은 한 해의 풍작을 거둔 후에 스스로에게 "이 풍작으로 무엇을 할까? 알았다! 더 큰 곳간을 더 많이 지어서 거기에 이 모든 것을 쌓아 두자. 그런 다음 나는 물러나서 휴식을 취하면서 편하게 먹고 마시며 인생을 즐기는 거지"라고 말한다. 예수님은 이 사람을 어리석다고 말씀하신다. 왜냐하면 그는 모든 시간과 힘을 자신만을 돌보며 더 부자가 되는 데 썼기 때문이다. 그런 과정에서 그는 하나님을 향하여 더 가난한 사람이 되어 가고 있었다.

예수님은 그의 청중에게 모든 종류의 탐욕을 경계하라고 말씀하시면서 이 비유를 말씀하셨다. 그래서 예수님이 이 이야기를 통해서 하시고자 하는 말씀은 탐욕이 전부인 것처럼 보인다. 그러나 이 어리석은 부자의 인생에는 탐욕보다 더욱 치명적인 것이 작용하고 있었다. 예수님은 이 이야기 후에 제자들에게 다음과 같이 계속해서 말씀하셨다. "그러므로 내가 너희에게 이르노니 너희 목숨을 위하여 무엇을 먹을까 몸을 위하여 무엇을 입을까 **염려하지 말라**"(눅 12:22).

염려하지 말라니? 예수님이 지금 농담을 하시는 건가? 근심, 우려, 불안, 이 모든 것이 탐욕의 배후에 있는 것들이다. 타락한 세상에서는 한 차례의 투쟁 후에야 비로소 우리가 받을 것을 얻는다. 떡은 크지만, 나눌 수 있는 떡조각보다 더 많은 사람들이 한 조각을 얻기 위하여 기다리고 있다. 그래서 누구나 다 자기 먹고살기에 바쁘다. 어떤 사람은 불안을 정의하기를, 새로운 직장에 들어간 첫 날, 당신의 이름이 칠판에 쓰여 있고 바로 그 옆에 칠판 지우개가 있는 것을 발견하는 것이라고 했다. 당신이 일할 때 느끼는 불안은 비록 당신이 그 세계에 자신의 표시를 해 놓았다 할지라도 바로 당신 뒤에 누군가가 지우개를 들고 서 있는 것과 같은 느낌이다.

그러나 다른 모든 불안의 원인이 되는 가장 근본적인 불안은 우리가 죄 때문에 하나님으로부터 단절되어 있다는 것, 하나님으로부터 소외되어 있다는 것이다. 뱀이 약속했던 사실 즉 하나님처럼 되는 것은 견딜 수 없이 무거운 짐을 지는 것이다. 하나님처럼 되려면 우리 스스로가 우리 운명의 주인이 되어야 한다. 만약 우리가 그 으뜸되는 과업을 돌아보지 않는다면, 아무도 그 일을 돌봐 주지 않을 것이다.

다른 무엇보다도 우리에게 절실히 필요한 것—일 후유증 직통 전화와 스트레스 감소 센터, 더 좋은 사장이나 더 많은 월급이나 더 나은 작업 환경보다 더 절실히 필요한 것—은 이 모든 혼란을 불러일으킨, 하나님과의 무너진 관계를 회복하는 길을 찾는 것이다. 프레드릭 부크너(Frederick Buechner)는 "죄의 힘은 원심적이다"라고 말한다. 인간의 삶이나 인간 사회의 중심부에서 혹은 일의 중심부에서 하나님을 제거해 보라. 그러면 즉시 죄가 "다른 모든 것을 주변부로 밀어내고자 할 것이다. 그러면 속알갱이

만 남을 때까지 조각들이 알갱이로부터 벗겨져 날아가 버릴 것이며 속알갱이마저도 산산이 부서져 마침내 아무것도 남지 않을 때까지 날아가 버릴 것이다. '죄의 삯은 사망'이라는 사도 바울의 말은 바로 이것을 가리키는 것이다."[2]

만약 죄의 원심력을 뒤바꾸고 하나님과 화목하기 위한 조치를 취하지 않는다면 일을 개혁하고 갱신하려는 우리의 모든 노력은 수포로 돌아갈 것이다. 그러나 대체 무슨 일을 할 수 있단 말인가? 이 일을 할 수 있는 그 무엇 혹은 누군가가 있단 말인가? 문제를 가진 인간의 입장에서 할 수 있는 일은 없다고 성경은 말한다. 그리고 나는 인간 역사의 기록들도 이러한 사실을 뒷받침해 준다고 덧붙이고 싶다.

기적 외에는 그 무엇도 우리와 우리의 일을 구할 수 없을 것이다. 그러나 기독교의 복음은 그 기적이 일어났으며 불가능한 일이 이루어졌다고 말한다.

토론 문제

1. "일에 무엇이 잘못되어 있는가?"라는 물음에 대한 성경의 대답은 무엇인가?

2. 죄가 일에 첫 번째로 한 일은 무엇인가?

3. "타락한 세상에서의 일은, 일하는 사람을 일의 노예로 만드는 경향이 있다"는 말에 대하여 토론하라.

4. "근심, 우려, 불안, 이 모든 것이 탐욕의 배후에 있는 것들이다"라는 저자의 결론에 대하여 토론하라.

3
소망이 있습니까?

나를 가르치소서, 나의 하나님, 나의 왕이시여
만물 안에서 당신을 보게 하옵소서
그리고 제가 행하는 모든 일을
주님을 위하여 하듯 하게 하옵소서

- 조지 허버트

몇해 전에 한 S-4 잠수함이 매사추세츠의 해안에서 배에 부딪쳐 즉시 침몰한 적이 있다. 승무원 전원이 죽음의 감옥에 갇히게 되었다. 그들을 구하기 위해 온갖 노력을 다했으나 전부 수포로 돌아갔다. 그 고생이 끝날 무렵 어떤 잠수부가 자신이 쓰고 있던 헬멧을 배에 갖다 대고 잠수함 안에서 두드리는 소리를 들었다. 그는 그것이 모르스 부호임을 알아차렸다. 그 소리는 다음과 같은 질문을 천천히 형성하고 있었다. "어디에…소망이…있습니까?"

우리가 처한 곤경은 잠수함에 갇혀 죽게 된 승무원들의 신세와 비슷하다. 하나님은 반역의 죄가 죽음을 가져올 것이라고 아담과 하와에게 경고하셨다. 배에 부딪친 잠수함과는 달리 그들의 죄와 더불어 왔던 죽음은 갑자기 들이닥치지 않고 서서히 왔다. 그렇지만, 죄의 증상들은 어디에서나 볼 수 있고 지금도 여전히 그러하다. 하나님과의 관계에서도, 우리 상호간의 관계에서도 (그리고 우리의 일과의 관계에서도) 죄의 증상들이 드러나고 있다. 그 치명적인 재난 이후에도 삶은 계속되었으나 삶은 죽음을 향하도록 예정되었다. 그 이후 계속되는 삶은 죄의 저주 아래에서 소망 없는 삶이 되었다.

죄가 하나님이 의도하셨던 선한 일의 아름다움을 모두 취소해 버리거나 완전히 추악하게 만들어 버린 것은 아니었다. 죄는 우리가 해야 할 일 안에 죽음과 허무의 병원균을 심어 두었을 뿐이다. 몇몇 신학자들이 전적 부패라고 부르는 교리는 다음과 같다. 곧 우리 삶의 모든 양상은 그것이 아무리 최고의 것이며 사랑스러운 것이라 할지라도 죽음에 오염되어 있다는 것이다. 그렇다고 해서 이 말이 인간과 관계된 모든 것 중에 선한 것이라고는 전혀 없으며 인류는 타락할 대로 타락한 최악의 존재라는 말은 아니다. 그 말은 단지 인간과 관계된 모든 것이 악에 오염되어 있으며, 그 안에 죄와 사망의 병균을 가지고 있다는 것이다.

전적인 부패라는 성경 교리는 일부 사람들에게 반감을 불러일으킨다.

도날드 반하우스(Donald Barnhouse)는 로즈베리 경(Lord Roseberry)이 자신의 손녀를 바라보면서 하던 얘기를 말한 적이 있다. 로즈베리 경은 그 손녀딸을 아주 귀여워했다. 어느 날 로즈베리 경은 손녀딸을 보면서 화를 내며 말했다. "저렇게 귀여운 애를 교회가 진노의 자녀라고 부르다니!" 그렇지만 만약 한 의사가 그 손녀딸의 팔에서 작은 점 하나를 발견하고 "이 애는 문둥병에 걸렸습니다"라고 말했다면, 로즈베리 경은 아마도 아무런 도덕적인 반감을 가지지 않았을 것이라고 반하우스 목사는 말했다. 영적인 죽음은 육체적인 죽음과 같다. 그 최종적이며 치명적인 작용을 위해서는 점 하나, 미세한 분량이면 충분하다.

"어디에…소망이…있습니까?" 이것은 일에 잡혀 옴짝달싹할 수 없다고 느끼는 모든 사람들의 질문이다. 이 투쟁과 걱정, 먹고살기 위한 단조롭고 괴로운 일과 무의미에 대한 희망은 없는가? 살기 위하여 해야만 하는 이 일에 생명이 있는가?

예수 그리스도의 복음은 소망이 있다고 말한다. 번쩍이는 네온 사인이 말해 주는 "예수님이 구원하십니다"라는 메시지가 우리의 구미에는 맞지 않을지 모르지만 그 신학에는 전혀 하자가 없다. 사도 바울은 예수님에 대하여 이렇게 쓰고 있다. "그가 우리를 흑암의 권세에서 건져내사 그의 사랑의 아들의 나라로 옮기셨으니 그 아들 안에서 우리가 구속 곧 죄사함을 얻었도다"(골 1:13-14).

예수님이 구원하신다! 그리고 예수님은 내면 생활뿐만 아니라 일이라는 외적인 생활까지도 구원하신다. 복음은 우리의 마음을 조준하고 있지만, 그 반경은 우리의 일을 포함한 우리 존재의 모든 차원에까지 확장된다. 그리스도 안에서 우리와 우리의 일은 구원을 받는다. 그리스도 안에서 우리와 우리의 일은 구속함을 받는다. 그리스도 안에서 우리 자신과, 일 속에서 범했던 우리의 죄악들은 용서함을 받는다.

불화에서 평화로

예수님은 죄와 죽음의 치명적인 오염으로부터 우리의 일을 어떻게 구원하시는가? 우선 예수님은 하나님과 우리를 화목케 하신다. 사도 바울이 죄와 그 결과들을 표시하기 위하여 사용했던 다른 단어가 바로 **소외되었다**는 단어다. 조금 전에 인용했던 단락에서 바울은 그리스도를 만나기 이전 우리의 상태를 이렇게 묘사한다. "전에 악한 행실로 멀리 떠나(소외되어) 마음으로 원수가 되었던 너희를"(골 1:21).

그리스도가 오시기 전 우리는 하나님으로부터 소외된 상태였다. 바울은 계속해서 이렇게 말한다. "그러나 이제는 그의 육체의 죽음으로 말미암아 화목케 하사 너희를 거룩하고 흠 없고 책망할 것이 없는 자로 그 앞에 세우고자 하셨으니"(골 1:22).

그리스도가 치른 십자가의 대속의 죽음으로 우리의 일이 타락한 이유, 즉 죄로 말미암은 하나님으로부터의 소외는 치유되었다. 죄로 인해 깨진 관계는 고쳐졌으며 우리는 하나님과 화목되었다. 신비한 방법으로 그리스도께서 세상을 **위하여** 자신의 생명을 버리사 세상**에게** 그 생명을 주셨다. 그 우주적인 사건에 대한 믿음이 우리를 하나님과 화목시키며 불화의 세계에 평화를, 혼란의 세계에 일치를 가져온다.

고아가 아닌 자녀들

우리가 하나님과 화목될 때, 일과 싸우는 이유와 일에 대한 끊임없는 걱정은 사라진다. 이제 우리는 더 이상 고아가 아니라 하늘에 계신 하나님의 자녀이다. 하나님이 우리를 돌보실 것이다. 하나님이 우리의 필요를 채워 줄 것이다.

2장에서 나는 예수님의 비유에 나오는 어리석은 부자는 하늘 아버지가 없는 사람들의 상징임을 언급했다. 하늘의 아버지가 없는 사람들은 전적으로 자신들의 힘만으로 살아야 한다. 그러한 사람들은 이 세상의 고아들로,

끊임없는 걱정 가운데서 일하며 살아가야 한다. 그러한 사람들은 자신의 안전을 확보하기 위한 노력의 일환으로 자신이 벌어들인 것을 유지하기 위하여 더 많은 곳간을 짓기 시작한다. 그러나 하나님은 그런 사람들을 어리석다고 말씀하신다. 그 사람들이 은닉해 놓은 모든 것이 죽음 앞에서는 아무런 의미가 없기 때문이다. 우리는 매일같이 이런 사람들을 만난다. 이와 같은 영적 고아들은 걱정 때문에 스스로를 물질적인 안전이라는 우상의 노예로 팔아 버린다. 어떤 사람이, 여섯 자녀를 둔 사람과 육백만 달러를 가진 사람의 가장 큰 차이점에 대하여 다음과 같이 익살스런 말을 했다. 여섯 자녀를 둔 사람은 더 이상 자녀를 원치 않지만 육백만 달러를 가진 사람은 더 갖고 싶은 욕심이 끊이지 않는다는 것이다! 돈에는 만족이 없다. 다른 모든 거짓 우상과 마찬가지로 돈은 잔인하고 악착같은 혹독한 주인이다. 결코 만족할 줄 모르며, 항상 더 많은 것을 원한다.

어리석은 부자에 대한 비유를 마친 예수님은 제자들에게 먹을 것, 입을 것, 지낼 곳에 대하여—즉 그들의 안전에 대하여—염려하지 말라고 말씀하신다. 그들의 안전을 염려해 주는 하늘에 계신 아버지가 있기 때문이다. 예수님은 이렇게 말씀하신다. "또 제자들에게 이르시되 그러므로 내가 너희에게 이르노니 너희 목숨을 위하여 무엇을 먹을까 몸을 위하여 무엇을 입을까 염려하지 말라…이 모든 것은 세상 백성들이 구하는 것이라. 너희 아버지께서 이런 것이 너희에게 있어야 될 줄을 아시느니라"(눅 12:22, 30-31).

이것은 아주 중요한 문제를 제기한다. 가족을 먹이고 입히는 것이 누구의 책임인가? 그 책임이 당신에게 있다고 생각하는가? 틀렸다! 그 책임은 하나님께 있다고 예수님은 말씀하신다. 우리의 책임은 단 한 가지다. 아버지께 순종하는 자녀가 되어 하늘에 계신 우리 아버지의 뜻을 행하는 것이 바로 그것이다.

그렇다면 소말리아나 에티오피아, 방글라데시 같은 곳에서 굶어 죽는 그리스도인들은 어떻게 된 것인가? "오늘날 우리에게 일용할 양식을 주옵시고"라는 기도가 그들에게 도대체 무슨 의미가 있단 말인가? 배가 부풀어 오르고 눈동자는 크고 희미해지면서 자녀들이 죽어 가는 모습을 맥없이 지켜보고 있는 그 사람들은 어떻게 되는 것인가? 아니면 좀더 범위를 좁혀서 우리나라의 실업자들이나 시한부 병으로 죽음을 기다리는 사람들, 부양할 수단이 없는 편모(偏母) 가정은 어떻게 되는 것이란 말인가? 그 대답은 하나님만이 알고 계신다. 그것은 하나님의 약속된 구속을 여전히 대망하고 있는 무너진 세상에서의 고난과 악의 신비의 일부이다.

고난에 둘러싸인 욥이 고통스럽게 발견했던 것처럼 우리와 같은 인간들은 그 신비를 해결할 수 없다. 당신에게 다르게 말하는 사람들의 이야기는 믿지 말기를 바란다. 내가 확실하게 알고 있는 전부는, 하나님이 어느 날 이 타락한 지구에 정의와 해방을 가져오실 것을 직접 약속하셨으며 그 때까지 우리는 그 소망을 가지고 기다리고 기도해야 한다는 것이다. 나는 맨 처음 예수님으로부터 이 기도를 배운 많은 사람들이 가난한 사람들이었으며 이 땅의 저주받은 사람들이었다는 사실을 묵상하면서 큰 위로를 받는다. 하늘에 계신 아버지께서 그들의 필요를 채워 주실 것이니 그 아버지를 신뢰하라고 격려하시면서 예수님은 그들의 어려운 형편을 외면할 수 없었을 것이다. 예수님은, 아무리 사정이 그러할지라도 하나님은 의롭고 사랑이 많으신 우리의 아버지시며 고아와 과부들과 가난한 자들과 억압받는 자들의 대변자이심을 그들과 우리가 알기 원하셨다. 우리의 좁은 안목으로는 다르게 말한다 할지라도 말이다.

나는 어렸을 때, 엄마 아빠가 집세를 낼 수 있는지, 음식을 살 수 있는지, 의료 보험료를 지불할 돈은 있는지 단 한 번도 걱정해 본 적이 없다. 이런 걱정 때문에 한 순간이라도 잠을 못 이루어 본 적이 없다. 내가 잘못한 것인지도 모른다. 아무튼 내가 걱정해야 했던 것은 단지 자녀로서 부모님께 순종하는 것이었다. 그것이 유일한 나의 책임이었다.

우리는 하늘에 계신 아버지의 자녀들이다! 하나님 대신 바로 우리가 그 아버지나 된 듯이 느끼고 행동하는 것은 부적절하고 부자연스러운 역할 전도(役割顚倒)다. 그것은 부적절보다 더 심각하다. 그것은 무의식적인 신성모독이다. 우리가 우리의 삶에 대하여 걱정하는 것은, 하나님만이 계셔야 할 자리를 빼앗는 주제넘는 일이다.

일용할 양식의 기적

그렇다고 해서 이것이 일할 필요가 없다는 의미는 아니다. 단지 그것은 우리가 하는 일이 우리의 안전과 행복에 대한 궁극적인 책임이 되지 않는다는 것을 의미한다. 그 책임은 하나님이 지신다. 일을 제공하시는 분도 하나님이며, 우리의 일이 열매를 맺게 하시는 분도 바로 하나님이다. 예수님은 결코 우리에게 일용할 양식을 위하여 일하라고 명령하지 않으셨다. 예수님이 명령하신 것은 일용할 양식을 위하여 기도하는 것이었다. 일과 기도, 이 두 가지 가운데서 중요한 것은 바로 기도이다. 그러므로 우리가 무엇인가 필요로 할 때 우리와 하나님 중에서 바로 하나님이 중요하다!

하나님과 화목될 때, 우리가 하늘에 계신 아버지의 자녀가 될 때, 우리와 일은 적절한 위치에 자리하게 될 것이다. 나는 언젠가 보스턴 켈틱스 팀의 전설적인 센터인 빌 러셀에 대한 믿지 못할 이야기를 들은 적이 있다. 진실이 아니라 할지라도 참으로 정곡을 찌르는 이야기이다. 격렬한 농구경기 중에 있던 빌 러셀은 경기장에 나가면서 웃음을 터뜨렸다. 그런데 그 웃음소리는 점점 커져서 마침내 경기를 중단하고 양손을 무릎에 얹고 몸을 구부려 너털웃음을 터뜨릴 지경이 됐다. 그러자 코치가 경기를 잠시 중단시키고 미친 듯이 보이는 그에게 옆으로 나오라고 소리쳤다. "도대체 무엇 때문에 그렇게 웃는 거야?" 코치는 따지듯이 물었다. "너, 알고나 있어? 너 때문에 우리 팀이 질 수도 있어!"

얼마 뒤 평정을 찾은 러셀은 자신이 웃음을 터뜨린 이유를 다음과 같이 설명했다. "글쎄 말이에요. 갑자기 그런 생각이 드는 거 있죠. 내가 수천 명의 관중 앞에서 속옷을 입고 달리면서 둥근 테두리 안에 공을 잘 던지려고 애쓰고 있고, 나는 그 때문에 돈을 받고 있다는 생각 말이에요!"

먹고살기 위해 하는 일 자체가 우스꽝스러운 것은 아니다. 그러나 우리가 그 일을 삶의 지상 최대의 과제로 삼을 때, 그리고 우리가 스스로에게 일이야말로 우리를 가난이나 무가치나 맹목으로 빠지지 않게 막아 주는 유일한 것이라고 말할 때 일은 그렇게 우스워질 수 있다. 하나님만이 우리의 소망과 안전이 되신다.

일이 아니라 하나님이 우리의 안전이 되실 때 우리가 하는 일은 기쁨과 경이가 될 수 있다. 때때로 "내가 **이것** 때문에 돈을 받다니 믿을 수 없군!"이라고 말하는 것은 빌 러셀의 또 다른 즐거움인 것이다. 그것은 땅에 씨를 뿌리고 어떻게 자신의 일용할 양식이 눈앞에서 만들어지는지를 경탄과 놀라움으로 바라보고 있는 농부의 즐거움이다.

그러나 우리는 농부의 일을 지나치게 낭만적으로 만들지 않도록 주의해야 한다. 오늘날에는, 농부와 같은 일꾼들이 땅에 근접하여 일하기 때문에 자연에 더 가깝고 따라서 하나님께도 더 가깝다고 생각하는 경향이 있다. 그러나 그렇게 생각하는 사람들 대부분은 결코 농부가 되어 본 적이 없으며 농부 주변에서 얼쩡거려 보지도 못한 사람들이다! 농부들이 하는 일도 다른 종류의 일과 마찬가지로 괴롭고 지루하며 당혹스러울 수 있다.

씨를 심고 곡식을 거둬 자녀들에게 양식을 제공하는 하늘 아버지의 기적은, 소위 오늘날 과학 기술 사회에서의 일을 통하여 매일 일어나는 놀라운 일들과 결코 다르지 않다. 각 사람들은 다양한 일로—선생으로, 웨이트레스로, 컴퓨터 프로그래머로, 기술자로, 합자 회사 간부로—기적 같은 추수를 거두게 하는 씨들을 매일 심고 있다. 각 사람이 먹고 입는 것은 경제 체제를 구성하는 각 부분의 총합보다 훨씬 더 크다. 우리를 먹이고 입히시는 분은 여전히 우리 하나님이다. 자연의 법칙을 주권적으로 다스리시는 바로 그 하나님이 경제 체제들과 정치 및 상공(商工)의 밀물과 썰물에 대한 왕권을 쥐고 계신다. 그리고 하나님은 여전히 그의 피조물과 자녀들을 돌보신다.

한 여인의 태 속에 자리한 광대함

그리스도께서 우리와 우리의 일을 구속하기 위해 행하신 일에는 우리를 하나님과 화목시키는 일 이상의 것이 있는데 어떤 면에서 그것은 훨씬 더 기본적인 것이다. 예수 그리스도는 성육신하심으로써 우리의 일을 구원하셨다.

기독교 신앙의 최고의 신비는 예수님의 부활도 아니며 십자가에서 치른 대속의 죽음도 아니며 그가 행한 기적도 아니다. 우리 신앙의 최고의 신비는 루이스(C. S. Lewis)가 일컬은 대 기적(Grand Miracle) 곧, 오천 명을 먹이신 기적으로부터 빈 무덤의 기적에 이르기까지 다른 모든 기적의 전제가 되는 기적이다. 그것은 1세기의 유대인이며 목수이자 순회 설교자였던 나사렛 예수라는 사람을 통해 우주의 창조주이신 하나님이 사람의 몸을 취하셨다는 충격적인 복음서의 주장이다!

이것이 바로 성육신의 신비이며 기적이다. 성경은 하나님이 **실제로** 사람의 몸을 취하셨다고 말한다. 신이 임시로 한 사람의 육체를 빌려서 그 안에 거한다는 어떤 이방 신화처럼이 아니라 하나님이 실제로 참으로 완전한 사람이 되시면서도 완전한 하나님으로 남으셨다는 것이다. 하나님은 그렇게 우리 중 한 사람이 되셨고, 마리아라는 유대 농군의 딸의 태에서 영아(孾兒)의 형태를 취하셨다.

시인 존 던(John Donne)은 이 신비를 말로 표현하고자 애쓰다가 역설에 역설만을 늘어놓고 말았다. 그의 시 '수태 고지'(Annunciation)에서 존 던은 마리아에게 이렇게 말한다.

궁창들과 더불어 시간이 창조되기 이전에, 그대는
그 분—그대의 아들이며 형제가 되는 그 분의 마음에
있었네.
그대를 잉태하신 분을 그대가 잉태하네. 그렇다네, 그대는 이제
그대를 만드신 자를 만드는 자이며, 그대의 아버지의 어머니가 되었네.
그대는 어둠 속에 빛을 가졌네. 그리하여 작은 방에 두었네.
그대의 사랑스런 태 속에 광대함을 두었네.[1]

존 던은 "생각해 보라. 마리아여. 시간이 시작되기 전에 그대는, 그대의 자식의 마음 속에 있었으며, 그대의 아버지의 어머니가 되고 그대의 아들의 딸이 될 것이다. 그대의 육체 가운데 있는 작은 공간에는 하나님의 영광이 들어앉아 있다"고 말하고 있다.

그 광대함은 마리아의 자궁 속에만 감추어 있었던 것이 아니라 나사렛 동네의 작은 목공소에도 있었다. 거기에서 아마도 예수님은 공생애에 나서기 전까지 아버지 요셉의 업(業)을 배우고 이어받았을 것이다. 나무를 **창조하셨던** 그 하나님이 톱으로 나무를 켜시고 못질을 하시고 바닥을 치우시고 쓰레기를 버리시고 돈을 지불하셨다!

평범에 영광을 입히다

성육신으로 말미암아 하나님은 평범을 거룩하게 하셨으며 범용(凡庸)을 특별한 것으로 만드셨다. 윌리엄 바클레이(William Barclay)는 이것이 일상의 수고에 어떤 의미가 있는지를 포착하는 사랑스런 기도문을 썼다.

오, 하나님 우리 아버지시여, 어떻게 영원하신 말씀이 육신이 되사 우리 가운데 거하셨는지를 우리가 기억하나이다.···우리는 예수님이 다른 노동자와 같이 하루의 일을 행하셨음에 감사드리나이다. 예수님이 한 가정에서 살아가는 문제들을 아셨음을 감사드리나이다. 대중을 섬기는 일

의 당황스러움과 분노를 아셨음을 인하여 감사드리나이다. 하루를 벌어서 사셔야 했음을, 그리고 매일의 일과 생활과 삶의 지치는 일상에 직면하셔야 했음을 인하여 감사드리나이다. 그리하여 각각의 평범한 과업에 영광을 입혀 주셨음을 인하여 감사드리나이다.[2]

"각각의 평범한 과업에 영광을 입히셨다." 성육하신 그리스도는 우리가 세워 놓은 성(聖)과 속(俗) 사이의 벽을 단번에 영원히 무너뜨리셨다. 그리스도는 사람으로서 이 일을 하셨다. 이는 그가 신인(神人)으로서 그 안에 성과 속, 보이는 것들과 보이지 않는 것들이 완벽한 조화를 이루며 공존하고 있기 때문이다. 성육신의 사실은, 하나님이 세계를 창조하시고 그 피조물을 선하다고 선언하셨다는 사실에 함축된 바를 뚜렷하고 생생하게 나타낸다. 즉 물질 세계가, 하나님 편에서는 하나님 자신을 보여 주시고 우리 편에서는 하나님을 만나기에 적합한 매개(媒介)임을 나타낸 것이다.

1977년에 아내와 나는 이스라엘 여행을 다녀왔다. 이스라엘에 진짜 유적지는 거의 없다. 다시 말해서 성경에 언급된 장소라고 확실히 믿을 수 있는 곳이 없다는 말이다. 그러나 확실한 장소가 하나 있는데 그 곳은 바로 가바타(Gabbatha), 즉 '포장된 길'이다. 요한은 그의 복음서에서 이 곳을 언급하고 있다. 가바타는 평평한 대리석이 깔린 장소인데 빌라도의 재판석 가까이에 있었다. 지금도 그 자리에 가면 로마의 군병들이 대리석에 금을 그어서 장기 같은 게임을 했던 자취를 볼 수 있다. 그것을 바라보고 있노라면, 로마 군병들이 예수님이 이끌려 나오기를 기다리는 동안 무료함을 달래며 시간을 때우느라 그 주변을 얼쩡거리는 장면을 어렵지 않게 상상할 수 있다. 어쩌면 예수님이 그 자리에 서 계셨는지도 모른다. 예수님이 그 자리 가까이에 서 계셨던 것은 틀림없는 사실이다.

바로 그 자리에 한 교회가 있다. 그 자리는 거룩하게 느껴졌다. 성육하신 하나님의 아들이 아마도 서 계셨을 옛 대리석 포장을 바라보면서 우리 모두는 숨을 죽여 가면서 얘기했다. 그러나 성육신의 사실은 하나님의 아들이 단지 땅 위를 걸었다고만 말하지 않는다. 하나님의 아들은 가장 심오한 방법으로 이 땅에 오셨다. 하나님의 아들이 땅의 일부가 되셨다. 몸소 피와 살이 되셨다. 교회는 단지 땅의 일부가 아닌 피조물 전체 위에 세워져야 할 것이다!

이것이 바로 요점이다. 성과 속 사이의 담을 무너뜨리심으로써 성육신은 평범한 것들에 영광을 옷입혔다. 그리하여 시인 제라드 멘리 홉킨스(Gerard Manley Hopkins)가 쓴 말과 같은 일이 가능하게 되었다. "세계는 하나님의 영광으로 가득 차 있네. 세계는 금박에서 나오는 빛과 같이 타오를 것이네."³⁾

성례적 임재

성육신이라는 그 사실만이 우리와 우리의 일을 어둠의 지배로부터 구원한다. 성육신은 일을 포함한 우리 삶의 모든 영역을, 하나님을 섬길 뿐만 아니라 하나님을 **만나는** 영역으로 만듦으로써 우리를 구원한다. 성육신은 일이 성례(聖禮)가 될 수 있는 가능성을 제공한다. 영국 성공회의 공동 기도문은 성례를 '보이지 않는 실재에 대한 보이는 표시(sign)'라고 정의한다. 세례에서 물은 성령을 표시한다. 성찬에서 떡과 포도주는 그리스도의 몸과 피를 표시한다. 일상적이고 평범한 것이 특별하고 비범한 것을 가리킨다. 자연이 초자연을 매개한다.

성육신 때문에 일을 포함한 모든 피조물이 넓은 의미에서 성례가 될 수 있다. 그렇다고 해서 모든 근무 시간이 성찬식의 떡과 포도주와 동일하다고 말하는 것은 아니다. 그러나 이 둘의 차이점은 정도의 차이지 결코 종류의 차이가 아니다. 직장의 작업대나 교회의 성찬대 둘 다 믿음에 접근할 수 있는 대상들이다. 그리고 그러할 때 둘 다 보이지 않는 실체에 대한 보이는 표시가 된다. 이런 이유로 사도 바울은 일하는 자들 심지어 노예들에게까지도 주님을 위하여 하듯이 믿음으로 일하도록 지시하고 있다(엡 6:7; 골 3:23).

중세의 수도사였던 로렌스 형제(Brother Lawrence)는 성육신 때문에 수도원의 부엌에서 솥단지와 프라이팬을 닦으면서 그리스도와 교제할 수 있었다. 로렌스 형제는 자신이 기도하면서 무릎을 꿇고 있거나 제단 앞에 있다고 해서, 부엌에서 팔을 걷어붙이고 접시 닦는 물에 손을 깊이 담그고 있을 때보다 그리스도에게 더 가깝게 느껴지지 않는다고 말했다. 이 순수한 수도사에게는 성육신이 성과 속의 인위적인 구별을 제거했던 것이다.

일을 위한 연금술

17세기의 위대한 시인이며 사제인 조지 허버트보다 일의 성례적 성격을 더 잘 이해한 사람은 없을 것이다. 나는 이 사람을 예로 들기를 꺼려했는데, 오늘날 시인이라든지 시라는 것이 너무도 인기가 없기 때문이다. 시와 시인을 언급했다고 해서 당신의 눈길을 돌려 버리지 않기를 바란다. 이 중대한 주제에 대한 허버트의 생각은 아주 귀중한 것이기 때문에 나는 그를 언급하려고 한다.

허버트는, 일을 성례로 변화시키는 성육신의 권능을 이해하는 그리스도인이라면 누구나 드릴 수 있는 기도문을 썼다. 그 기도는 다음과 같다.

나를 가르치소서, 나의 하나님, 나의 왕이시여.
만물 안에서 당신을 보게 하옵소서.
그리고 제가 행하는 모든 일을
주님을 위하여 하듯 하게 하옵소서.

허버트는 이 기도시의 제목을 '연금술'이라고 붙였다. 당대의 연금술사들이 그토록 찾기 원했던 연금 기술의 이름을 따서 붙인 것이다. 당대의 연금술사들은 연금석 혹은 연금 기술만 있으면 보통 금속이 금으로 바뀔 수 있다고 믿었다.

'주님을 위하여 하듯' 일하겠다는 기도야말로 일을 위한 연금술이라고 허버트는 말했다. 그러한 기도는 일상적이고 평범한 일을 성찬으로 바꾸어 놓는다. 왜냐하면 그 기도는 일하는 자로 하여금 자신이 하는 일을 넘어서서 그 모든 것의 위에, 배후에, 그리고 그 안에 계시는 분을 바라보도록 요청하기 때문이다.

안경 유리를 보고 있는 사람은
유리알에 시선이 머물겠지만,
그 유리알을 통해서 다른 무엇인가를 보기 원한다면
그 때 하늘이 보인다네.

모든 일을 마치 주님을 위하여 하듯 하라. 그리하면 일은 성례, 즉 보이지 않는 실체에 대한 보이는 표시가 될 것이다. 그것이 유리알이 되고 창문이 되어 그것을 통하여 하늘을 바라보게 될 것이다. 이 사실을 의심하는 사람들이 있을지도 모른다. "당신은 매일 서른 개씩 기저귀를 갈아 주는 일이 **성례적인** 경험이 될 수 있다고 말하는 것인가? 아니면 상사로부터 고맙다는 말 한마디 들어 본 적 없는 이 수백 장의 종이 세는 일이? 그런 일이 영원을 향한 창문이 될 수 있다고 말하는 것인가? 아니면 일관작업대에서 병을 일렬로 세우는 일, 변호사인 내 친구가 매일 하고 있듯이 몸이 섬뜩해지는 아동 학대 사례에 대한 증인들의 진술을 녹취(錄取)하는 일이? 아니면 내가 하는 말은 한마디도 못 알아듣는 줄 뻔히 알면서도 냄새 나는 방에서 치매 환자에게 즐겁게 얘기해 주는 일이 그렇단 말인가?" 바로 그렇다! 이것이 하나님의 약속이다.

이 기도문을 명심하는 종은
괴롭고 지루한 일을 신성하게 만드네.
당신의 법을 따라 방을 치우는 자는
그 일과 행동을 정제(精製)한다네.

이것이 바로 그 유명한 연금석,
모든 것을 황금으로 만드네.
하여 하나님이 친히 만지시고 소유하신 것을
어찌 감히 감하여 말할 수 있겠는가.[4]

"주님께 하듯이 그 일을 하라." 이것이 태초에 하나님이 의도하셨던 일에 대한 태도가 아닐까? 하나님은 우리를 당신이 만드신 땅의 청지기로 삼으시고 하나님이 하시듯이 그 땅을 관리하도록 우리에게 책임을 주셨다. 즉 우리가 하는 모든 일을 주님을 위하여 하듯이 하게 하셨다. 하나님이 우리를 그의 청지기로 삼으신 것은, 바로 우리를 당신과의 사귐으로 초대했다는 말이다. 우리의 일은 이 세상에서 하나님을 만날 수 있는 방법의 하나였다.

예수님이 일을 구원하신다는 것은, 죄가 그것을 부패시키기 전에 하나님이 의도하셨던 대로 일을 회복시킨다는 말이다. 이는 우리가 살기 위해 해야만 하는 일들이 우리가 행하기 위하여 살아가는 일들이 될 수 있다는 말이며, 단순한 직업이 고귀한 소명이 될 수 있다는 말이다. 그 이유가 무엇인가? 그 이유는 **하나님이 친히 만지시고 소유하신 것을 감히 감하여 말할 수 없기 때문이다.**

토론 문제

1. "예수님이 죄와 사망의 치명적인 오염으로부터 우리의 일을 어떻게 건져내셨는가?"라는 물음에 대하여 토론하라.
2. "일이 아니라 하나님이 우리의 안전이 되실 때, 우리가 하는 일은 기쁨과 기적이 될 수 있다"는 저자의 주장에 대하여 토론하라.
3. "광대하심이 한 자궁 속에 숨으셨네. 그리고 한 방에 숨으셨네." 예수 그리스도의 삶과 사역에서 이 두 요소를 찾아보라.
4. "작업대나 성찬대 둘 다 믿음으로 접근할 수 있다"는 말은 무슨 뜻인가?
5. 당신은 모든 일을 주님께 하듯 하는가? 할 수 있는가? 그렇지 않다면 그 까닭은 무엇인가?

4
직업은 많으나 부르심은 하나다

통찰력 없이 일하는 것보다 괴로운 것은 없다

– 토머스 칼라일

윌리엄 포크너(William Faulkner)는 "하루에 여덟 시간을 먹는다거나 하루에 여덟 시간을 마신다거나 하루에 여덟 시간을 사랑만 할 수는 없다"고 말했다. "당신네들이 여덟 시간 동안 할 수 있는 것은 일이다. 바로 그것이 사람들을 그토록 비참하고 불행하게 만드는 이유다."

우리가 일에 대하여 그토록 혼란과 비참함을 느끼는 이유는 아마도 우리가 너무나 많은 시간을 일하는 데 보내고 있다는 사실에 있을 것이다. 그러나 나는 과연 그것이 이유인지 의심스럽다. 토머스 칼라일(Thomas Carlyle)은 "통찰력 없이 일하는 것보다 괴로운 것은 없다"고 말하는데 나는 이것이 더 중요한 문제 제기라고 생각한다. 우리들 대부분이 통찰력은 없이 여러 가지 활동만 하면서 살아간다. 특히 일할 때 더욱 그러하다. 우리는 "이렇게 많은 시간을 들여서 하는 일이 무슨 의미가 있는가?" 하고 묻는다.

성경은 우리가 일하는 의미를 찾는 데 필요한 중요한 통찰을 제공한다. **소명**(vocation)이라는 말은 일의 의미를 잘 나타내 준다. 세상에서 통용되는 의미와 대조적으로(세상에서는 vocation을 직업이나 업무라는 뜻으로 사용한다) 성경이 말하는 바를 이해할 수 있다면, 우리는 의미 있고 만족한 일에 이르는 열쇠를 갖게 될 것이다. 일은 세상에서 하나님을 섬기고 만나는 길이 될 수 있다. 단지 일거리에 불과하던 것이 소명이 될 수 있다.

소명이라는 말은 라틴어인 '보카레'(*vocare*)에서 왔으며 그 뜻은 '부르다'이다. 따라서 소명은 글자 그대로 부르심이다. 동일한 의미를 가진 신약 성경의 단어는 헬라어인 '클레시스'(*klēsis*)이다. 일에 대한 성경적 통찰력은 바로 이것이다. 즉, 우리는 부르심을 받은 백성이다. 누구의 부름을 받았는가? 바로 하나님의 부름을 받았다. 우리는 세상에서 하나님의 종과 제사장이 되라고 부름받은 사람들이다.

소명 또는 부르심에 대한 신약 성경의 가장 잘 알려진 말씀은 베드로전서 2:9이다. "그러나 오직 너희는 택하신 족속이요, 왕 같은 제사장들이요, 거룩한 나라요, 그의 소유된 백성이니 이는 너희를 어두운 데서 **불러내어**

그의 기이한 빛에 들어가게 하신 자의 아름다운 덕을 선전하게 하려 하심이라"(성경 구절의 강조는 모두 저자의 것임).

우리는 부름받은 백성이며, 소명을 가진 백성이다. 그것은 말 그대로 교회이며, 그리스도인 공동체의 모습을 말한다. 헬라어로 교회는 '에클레시아'(ekklēsia)인데 이는 '~중에서 나온'이란 의미의 '에크'(ek)와 '부르심'이란 의미의 '클레시스'(klēsis)가 합해진 말이다. 교회는 부름받은 사람들의 모임이다. 아주 엄밀하게 말하면, 교회는 하나의 소명을 가진 단체이다.

직업은 많으나 부르심은 하나다(One Vocation, Many Occupations)

일에 대한 성경적인 통찰력을 얻으려면 우선 어휘를 분명하게 구분해야 한다. 세상에서 통용되는 것과는 정반대로 **소명**(vocation)이라는 말은 세상에서 하나님의 백성이 되도록, 세상에서 하나님의 종과 제사장이 되도록 부름받은 우리의 **부르심**(calling)을 가리키는 말이 되어야 한다. 그리고 우리가 하는 일 혹은 세상이 소명이라는 말로 의미하는 바를 가리키기 위해서는 **직업**(occupation)이라는 말을 덧붙여야만 한다. 그리스도인들은 세상에서 다양한 직업을 가질 수 있지만, 소명은 오직 하나뿐이다. 개인적으로 우리는 학생, 석공, 회계사, 심리학자 또는 자동차 세일즈맨 같은 직업을 가질 수 있다. 그러나 우리 모두는 하나같이 예수 그리스도의 종이 되라는 단 하나의 소명을 받고 있다.

종교개혁자들 특히 루터와 칼빈은 이 소명이라는 주제 아래서 일의 의미에 대한 많은 생각을 제공하였다. 그들이 애용한 성경 본문은 고린도전서 7:17-24이었다. 그 곳을 보면 사도 바울이 소명과 직업을 똑같이 구분하는 것처럼 보인다. 그러나 사도 바울은 그 두 단어 대신 한 단어를 사용하여 두 가지 의미를 전달하고 있다. 두 경우 모두에서 바울은 **부르심**에 해당하는 헬라어를 사용하고 있다. 그러나 한 가지는 **직업**(calling)을 의미하고 다른 하나는 **부르심**(Calling)을 의미한다(대문자와 소문자로 쓰인 데 유의

하라—편집자 주).

아마도 그리스도에게 속한 지금, 자신의 직업을 어떻게 해야 하는가에 대한 고린도 그리스도인들의 물음에 답변하면서, 바울은 "그럼에도 불구하고 각 사람은 오직 주께서 각자에게 나눠 주신 대로 하나님이 각 사람을 **부르신** 그대로 행하라"(7:17)고 말하고 있다.

바울이, 그들의 처지를 주님께서 나눠 주신 것으로 즉 어떤 의미에서 '부르심'으로 말하고 있음을 주목하라. 사도 바울은 24절에서도 동일한 점을 지적한다. "형제들아 각각 **부르심**을 받은 그대로 하나님과 함께 거하라."

여기서 바울이 말하는 '부르심' 모두가 직업을 가리키는 것은 확실히 아니다. 이 구절에서 바울은 할례받거나 할례받지 않은 상태 모두 '부르심'으로 묘사하고 있기 때문이다. 만약 그래야 할 필요가 있었다면 바울은 인생의 여러 상황에 대한 다른 종류의 '부르심'도 언급했을 것이다. 직업은 다만 부르심의 일종일 뿐이다.

그러나 이 '부르심'이 그리스도 안에서의 우리의 부르심과 동일한 것은 아니다. 20절에서 바울은 **부르다**에 해당하는 똑같은 헬라어를 한 번은 명사로, 한 번은 동사로 사용하고 있다. 그러나 이 둘은 서로 다른 의미를 가진다. 국제새번역(NIV)은 명사를 situation 혹은 calling으로 번역하고 동사형은 하나님의 **부르심**이라는 의미에서 Calling이라고 번역한다. "각 사람은 (하나님으로부터) **부르심**을 받은 그 때의 **처지**에 그대로 머물러 있으십시오"(표준새번역).

여기서 우리는 '부르다'라는 단어의 두 가지 의미를 찾아볼 수 있다. 하나는 직업이라는 말이며 다른 하나는 소명이라는 말이다. 헬라어를 그대로 직역하면, "각 사람이 부르심을 받은 그 부르심 안에 그대로 머물게 하라"이다. 한편으로 하나님이 각 사람에게 할당해 주신 상황 혹은 처지인—만약 여러분이 그렇게 부르고 싶다면—'부르심'(callings)이 있으며, 다른 한

편으로 그리스도 안에서의 우리에 대한 소명(Calling)이 있는 것이다.

직업보다 상위에 있는 소명

바울은 소명과 직업의 관계를 놀랍게 조화시킨다. 그는 그리스도인의 소명에 비추어 모든 직업과 사회 계층을 급진적으로 상대화시키고 있다. "네가 종으로 있을 때에 부르심을 받았느냐? 염려하지 말라. 그러나 자유할 수 있거든 차라리 사용하라"(고전 7:21).

이 말은 이렇게 볼 수도 있다. "당신이 주차장에서 야간 근무를 하다가 부름을 받았는가? 직업이 마음에 들지 않는가? 그런 것은 그리 큰 문제가 아니다. 직업을 바꿀 기회가 오면 망설이지 말고 다른 직업으로 바꾸라. 그러나 부르심에 대한 의식을 잃어버릴 정도로, 직업을 바꾸려고 혈안이 되지는 말라."

정말 중요한 것은 우리의 직업이 아니라 소명이다. 소명은 건물을 관리하는 수위의 일자리를 그 회사의 회장 자리만큼이나 좋은 것으로 만든다. 회장이 수위보다 우월하지 않다. 그들은 모두 그리스도에게 속해 있기 때문이다. "주 안에서 부르심을 받은 자는 종이라도 주께 속한 자유자요, 또 이와 같이 자유자로 있을 때에 부르심을 받은 자는 그리스도의 종이니라"(7:22).

소명은 하나지만, 직업은 많다. 그러나 우리의 직업은 모두 소명의 권위 아래 놓여야 한다. 에밀리 프로스트(Emily Prost)는 언젠가 "이미 선약이 있는 사람이 백악관으로부터 초대를 받았다면 어떻게 하는 것이 바른 절차이겠습니까?"라는 질문을 받은 적이 있다. 그녀는 이렇게 대답했다. "백악관의 점심이나 저녁 식사에 초대를 받은 것은 일종의 명령입니다. 따라서 다른 약속들은 자동으로 취소됩니다."

바울은 인생의 여러 위치와 상황에 대하여 거의 동일한 말을 한다. 그리스도의 부르심 때문에 우리의 상황이나 직업이 취소되는 것은 아니다. 그러나 그것들은 그리스도의 부르심 다음으로 중요한 것들이다. 실제로 각각의 '부르심'(직업이나 신분)은 하나님의 종으로서의 우리의 부르심 혹은 소명을 추구하는 무대가 되어야 한다. 당신은 부유한가, 가난한가? 지위가 높은가, 낮은가? 즉석 요리를 하는 요리사인가? 변호사인가? 예술가인가? 아니면 정원사인가? 그러한 것은 아무런 문제가 되지 않는다. 하나님의 명령에 순종하는 것이 가장 중요하다.

존 워너메이커(John Wanamaker)가 미국 체신부 장관으로 있을 때 그는 자신이 다니는 교회의 주일학교 운영에도 적극적으로 참여했다. 어느 날 그는 이런 질문을 받았다. "체신부 일을 하면서 주일학교도 할 수 있는 시간을 내는 비결이 무엇입니까?" 그러자 그는 이렇게 대답했다. "비결이라니요? 주일학교 일이 저의 사업(business)입니다! 나머지는 그저 그런 일(things)일 뿐이지요. 사십오 년 전에 저는 '너희는 먼저 그의 나라와 그의 의를 구하라. 그리하면 이 모든 것을 너희에게 더하여 주시리라'는 하나님의 약속을 확실히 믿기로 결심했습니다." 그는 소명을 가지고 직업에 임했던 사람이다. 그는 결코 직업을 소명 앞에 두지 않았다.

어느 해 여름, 나는 오레곤 주의 포틀랜드에서 한 의사를 만났다. 그는 중서부 지방에서 자랐으며 시카고 의과 대학을 졸업한 사람이었다. 그래서 나는 그에게 왜 하필이면 고향에서 멀리 떨어진 포틀랜드를 근무지로 선택했느냐고 물었다. 나는, 서북부의 태평양이 아름다워서, 포틀랜드의 생활수준이 더 좋아서, 아내의 출신지이기 때문에 등의 대답을 예상했다. 그러나 그의 대답은 예상 외였다. 그는 말하기를, 시카고에 있을 때 한 젊은 신학도를 만났는데 그가 신학교를 졸업하면 포틀랜드에 가서 교단에 속한 교회를 개척하겠다고 했고 자기도 그 일에 동참하고 싶어서 포틀랜드를 개업 장소로 택했다고 했다. 이 사람도 자신의 소명에 따라 직업을 수행한 사람이었다.

소명과 성공

누가 당신을 주관하고 있는가? 부르심이 당신의 직업을 지배하고 있는가? 아니면 그 반대인가? 특별히 남자들이 이러한 질문에 난색을 표할 것이다. 왜냐하면 남성으로서의 가치는 대개 얼마나 그리스도를 잘 섬기느냐가 아니라 얼마나 일을 잘 하느냐에 의해 평가되기 때문이다. 그러나 우리는 직업에는 실패했으나 부르심에는 성공한 사람을 생각해 볼 수 있다. 그러한 사람들은 우선 순위를 반드시 지키고, 직업을 위해서 가족을 희생하는 것을 거부한 사람들이다. 또는 비도덕적이거나 부정직한 일을 거부한 사람들이다. 그들은 소명에서 성공하기 위해 직업을 잃은 사람들이다.

소명의 더 중요한 역할은 우리의 다양한 직업에서의 성공과 실패를 완전히 새로운 관점으로 바라보게 해준다는 것이다. 16세기 청교도였던 윌리엄 퍼킨스(William Perkins)는 소명에 대한 주목할 만한 글을 썼는데, 그 글에서 그는 하나님이 우리의 일에 성공을 주시는 것은 복이 아니라 시험일 수도 있다고 주장했다. 도대체 무엇을 시험하신단 말인가? 소명 의식의 순수성을 시험하신다. 직업에 종사하고 일을 하면서 우리가 이기적으로 제 집이나 장만하려고 했는지 아니면 하나님의 부르심을 듣고 순종하려고 했는지를 시험하는 것이다. 우리가 어떻게 성공을 취급하는지를 보면 그것을 알 수 있다. 만약 우리가 성공을 주신 하나님을 잊어버린다면 소명에 따라 일하지 않았음을 알 수 있다.

이상의 말은 일하면서 누릴 수 있는 모든 성공과 이익이 쓸모 없는 것이므로 포기하라는 뜻이 아니다. 또한 일을 잘한 대가로 이 세상에서 지금 얻는 모든 기쁨이나 보상을 누리지 말라는 뜻도 아니다. 이 말이 강조하는 것은 소명이 다른 모든 것보다 우선되며 가장 중요하다는 점이다. 또한 이 말은, 우리의 소명을 성공이라는 모든 세속적인 척도 위에 두고, 우리가 잘했는지 못했는지에 대한 최종 판단을 회계사의 손이 아닌 하나님의 손에 맡긴다는 의미이다.

자족

소명은 우리의 직업에서 자족의 정신을 개발할 것을 강하게 요구한다. 바울은 노예들에게 그들이 하는 일에 대하여 걱정하지 말고, 있던 자리에 그대로 머무르라고 권면하였다. 물론 자유케 될 수 있는 황금과 같은 기회가 온다면 그 자리를 떠나도 좋지만 말이다(고전 7:20-21). 실제적으로 바울은 이렇게 말했다. "직업 때문에 마음을 잡지 못하고 불만이 가득 차서, 당신이 처한 곳에서 하나님의 사람이 되라는 하나님의 부르심을 놓치지 않도록 하라. 당신의 일에서 만족하기를 배우라. 당신의 처지와 상관 없이 당신의 참 주인이 되시는 예수님께 봉사할 수 있는 길을 다방면으로 찾아보라. 만약 언젠가 더 좋은 상황을 만난다면 그렇게 하는 것도 괜찮다."

1985-1986년에 열린 프로 미식 축구 시즌의 마지막 주에 시카고 베어스팀의 수비수였던 리처드 덴트에 대한 논쟁이 무성했다. 그는 연봉에 대한 불만의 목소리를 높이면서 더 높은 연봉으로 새 계약을 맺을 것을 요구하였다. 프로볼(Pro Bowl)에 선발되고, 슈퍼볼(Super Bowl)에서는 최우수 선수로 뽑혔는데 자기는 '겨우' 연봉 9만 달러를 받고 있다는 것이었다. 그 연봉은 자신과 같이 엄청난 능력을 가진 사람에게는 충분치 못한 것이며 그 때문에 자신은 경기에서 최선을 다하기가 어렵다고 그는 주장하였다. 그는 "제대로 수당을 받지 못하면서 일하는 것은 어렵습니다"라고 말했다.

부르심에 대한 의식이 전혀 없다면, 그의 말은 사실이다. 물론 봉급이 전혀 무관할 수는 없다. 그러나 그것은 부르심의 성취와는 거리가 먼, 이차적인 문제일 뿐이다. 필립스 브룩스(Phillips Brooks)가 썼다시피 "기독교는 우리가 그 곡조를 좋아하지 않는다 할지라도 그 음악을 대할 수 있도록 도와준다." 그 곡조는 괴로운 것인지 모른다. 원하는 만큼의 봉급이 못 되고 바보 같은 사장에다 함께하기 어려운 동료, 형편없는 근로 조건일 수도 있다. 그러나 소명을 받은 개인이 어려움을 외면하지 않고 **그 안에서** 그리스도를 섬기는 길을 다방면으로 찾을 때 한 사람의 소명 의식은 그 불협화음을 잠재울 수 있다.

이러한 관점은 학생들이나 다른 일을 하기 위하여 준비하고 있는 사람들에게 특별히 적절한 것이다. 나는 대학에 다닐 때 내가 수강하던 과목들을, 목적에 이르기 위한 수단 이상으로 보지 않았다. 즉 졸업하고 나면 그 일이 무엇이든지 장래에 내가 할 일을 하게 될 것이라고 생각했다. 자연히 수업이 어렵거나 장래 계획과 무관하게 보이는 경우, 혹은 좋아하지 않는 교수와 만나는 경우, 나는 참지 못하고 쉽게 화를 냈다. 간단히 말해서 나는 직업에 대한 불만 때문에 소명의 순수성을 더럽혔던 것이다. 나는 학생으로서의 부르심이, 졸업 후 열심히 일하는 것 못지않게 그리스도를 섬기는 일임을 망각하였다. 그리스도 안에서 부르심을 입은 자들은 결코 미래의 어떤 때가 오기까지 손놓고 기다리지 않는다. 우리가 섬기는 그리스도와 마찬가지로 우리의 부르심은 어제나 오늘이나 영원토록 동일하다. 경력을 쌓거나 직업을 바꿀 때에도 그 원칙은 동일하다. 우리가 주의하지 않는다면 장래의 직업에 대한 정당한 바람은 현재에 대한 불만에 오염될 수 있으며 따라서 그리스도인으로서의 소명 의식을 상실하는 결과밖에 가져오지 않을 것이다.

사도 바울은 다음과 같이 썼다. "내가 궁핍하므로 말하는 것이 아니라 어떠한 형편에 있든지 내가 자족하기를 배웠노니 내가 비천에 처할 줄도 알고 풍부에 처할 줄도 알아 모든 일에 배부르며 배고픔과 풍부와 궁핍에도 일체의 비결을 배웠노라. 내게 능력 주시는 자 안에서 내가 모든 것을 할 수 있느니라"(빌 4:11-13).

바울이 옥에 갇혀서 이 말을 쓰고 있다는 사실을 모른다면 아무도 이 말을 신뢰할 수 없을 것이다. 그러나 그는 이것을 바로 옥중에서 썼다. 삶의 그 모든 변화 속에서 바울은 한 가지 통일된 주제를 가지고 있었는데 그것이 바로 그의 소명이었다. 바울은 대가(對價)가 형편없음에도 불구하고 주님과 새로운 계약을 맺으려고 떼쓰지 않았다.

　나의 매제(妹弟)는 가족과 함께 두 해 동안 자이레에 간 적이 있다. 거기서 그는 목공 기술을 제공하여 선교 병원을 짓는 일을 도왔다. 그 병원의 문제점 가운데 하나는 화장실이 부족하다는 것이었다. 자이레 사람은 병원에 올 경우 온 식구가 다 함께 온다. 하루에 거의 천 명의 사람들이 그 병원 안팎과 주변을 다녀간다. 그런데 거기에는 그 모든 사람이 사용할 수 있는 시설로 단지 여섯 개의 야외 화장실과 세 개의 수세식 화장실이 있을 뿐이었다. 그래서 매제인 대니얼은 화장실을 더 짓는 일에 착수하였다. 그는 또한 기존의 화장실에 오물이 흘러 넘쳐서 그것을 퍼내야 한다는 것을 알았다. 그는 고국에 보내는 한 편지에서 첩첩이 쌓인 오물들을 펌프질하기 시작했을 때 기계에 무리가 가서 어떤 일이 벌어졌는지를 썼다. 그 기계가 오물들을 날려보냈다. 어떻게 해야 이것을 실감나게 표현할 수 있을까? 그 오물이 약 9미터 공중으로 분사되어 반경 6미터 내에 있던 모든 사람들에게 똥세례를 주었던 것이다!

　대니얼은 분명 자신의 가치만큼 돈을 받지 않고 있었다! 그는 편지의 몇 줄 뒤에서 그가 견뎌야 했던 문제들 가운데에서 자신이 누리는 기쁨에 대해 썼다. 그는 인생의 바로 그 시기에 하나님이 자신에게 행하기 원하시는 일을 하고 있다는 특권에 대하여 하나님께 감사했다. 그는 내가 자신에 대하여 쓴 것을 읽고 당황할 것임에 틀림없다. 대니얼은 특별한 그리스도인이 아니다. 그저 평범한 소명의 사람일 뿐이다. 그는 자신의 일에 만족하는 것이 무엇인지를 아는 사람이다.

　위에서 말한 모든 것은, 기회가 주어졌음에도 불구하고 더 나은 일자리를 찾아서는 안 된다는 말이 아니다. **직업상의 불만** 때문에 우리의 일 가운데서 **소명적인 만족**을 빼앗겨서는 안 된다는 말이다.

순종

또한 그리스도의 종으로서의 소명은 우리의 직업에서 양질(良質)의 순종을 개발하도록 촉구한다. 바울은 고린도전서 7장에서 다음과 같은 권면으로 부르심에 대한 그의 글을 마친다. "형제들아, 각각 부르심을 받은 그대로 **하나님과 함께**(as responsible to God—하나님을 향해 책임 있는 자로서) 거하라"(24절).

일이 되었든, 어떤 자리가 되었든 직업에서 우리의 궁극적인 책임은 서열상 우리 위에 있는 사람이 아닌 하나님께 있다고 바울은 말한다. 골로새서 3:22-23에서 바울은 종들에게, 모든 사람에 대하여 "모든 일에 육신의 상전들에게 순종하되 사람을 기쁘게 하는 자와 같이 눈가림만 하지 말고 오직 주를 두려워하여 성실한 마음으로 하라. 무슨 일을 하든지 마음을 다하여 **주께 하듯 하고 사람에게 하듯 하지 말라**"고 말한다.

이것은 지상에 있는 주인의 노예가 되라는 격하(格下)의 소명이 아니다. 그것은 전 우주의 왕을 섬기는 존엄과 영예로의 부르심이다. 우리는 이 땅에서의 주인을 정직하고 부지런하게 섬김으로써 그 왕을 섬긴다. 이 땅에서 주인된 사람은 우리의 봉사를 자신의 것으로 취하겠지만 우리는 그 봉사가 주인을 통하여 주님께 갈 것임을 안다. 우리가 상사를 싫어할 수도 있지만, 순종하기 어려운 그 사람을 섬김으로써 우리의 주님을 사랑할 수 있음을 안다.

그리스도인에게는 권리가 있다. 그러나 언제나 권리에 앞서는 의무가 있다. 신약 성경에서 순종과 자발적인 복종은 덕(德)으로 나타난다. 성경의 다른 어디보다도 바로 여기에서 우리는 세속적인 우리의 사고 방식과 하나님의 사고 방식 사이의 깊은 차이를 느끼게 된다. **종**(servant)을 나타내는 헬라어 중에서 긍정적인 말은 하나도 없다. 종이 되어 섬기는 자가 되라는 우리 주님의 명령과 교회에 대한 바울의 교훈은 이와 같은 최악의 문화적 배경에서 선포된 것이다. 많은 면에서 헬라인들은 현재 우리 문화와 철학의 선조들이다.

바울의 말에서 또 하나 의미심장한 사실은 이와 같은 말이 노예 제도에 대한 **명백한** 정죄의 말 없이 노예들에게 주어지고 있다는 것이다. 그렇다고 해서 그것이, 기독교가 노예 제도라는 엄청난 부조리에 대하여 무관심했다는 말은 아니다. 왜냐하면 기독교와 노예 제도는 서로 화해할 수 없는 적이기 때문이다. 그렇다면 왜 바울은 노예 제도를 공격하지 않는가? 그 이유는 기독교가 체제나 제도에서 시작하지 않고 개개인의 마음에서 출발하며 그 마음의 내부로부터 밖으로 나가서 체제와 제도에 역사하기 때문이다. 기독교는, 사람의 마음을 변화시키는 것이 지상에서 가장 어려운 일이며, 가혹하고 불의한 제도는 가혹하고 불의한 마음이 발전된 것이기 때문에 사람을 구속(救贖)하지 않으면 제도를 구할 수 없다는 전제에서 출발한다. 그러나 일단 사랑과 정의의 씨앗이 사람들의 마음 속에 심기면 사회는 곧 변하게 된다. 그것은 마치 19세기에 영국과 미국에서 그리스도인들이 노예 제도를 무너뜨린 것과 같다.

실질적인 요지는, 그리스도 안에서 우리의 소명은, 우리가 일과 직장에 무엇이 잘못되었다고 말하기에 앞서 우리 자신과 태도에 무엇이 잘못되었는지를 먼저 묻도록 한다는 것이다. 우리 눈 속에 있는 들보는 보지 않고 상사나 제도에 있는 티를 잡아내는 것은 너무나 쉬운 일이다. 이 말은 압제와 불의에 직면하여 내적 성찰이나 하며 수동적인 태도를 취하라는 의미가 아니다. 그것은 악과 불의에 가장 철저하게 대면할 것을 요구한다. 그것은 악의 가장 난공불락의 요새이며 성소인 우리의 마음에서 출발하며 거기에서부터 역사하기 시작하여 체제와 제도의 세계로 들어가는 것이다. 일의 구속을 재는 척도는, 우리가 어려운 과업을 맡아서도 소명을 위하여 얼마나 즐거이 만족하며 순종하느냐에 있다. 이것이 바로 직업을 통하여 그리스도를 섬기는 소명이다.

역동적인 소명

여러 직업에 대한 한 가지 소명이라는 개념은 정적인 것이 아니라 동적인 것이다. 그것은 우리 인생의 다양한 직업과 처지에 잘 어울릴 수 있다.

바울은 그리스도 안에서의 소명에 비추어 우리의 직업을 우리가 '걸어야' 할 것이라고 말한다. 고린도전서 7:17에서 국제새번역(NIV)이 'retain'으로 번역한 단어는 사실은 'walk'(걷다)라는 말이다. 이것을 문자적으로 번역하면, "그럼에도 불구하고 각 사람은 주님께서 각자에게 할당하시고 부르신 인생의 그 자리에서 **걸으라**"이다.

'걷는다'는 말은 삶의 방식에 대해, 유대인들이 사용하는 매우 생생한 표현이다. 삶은 출생부터 죽음에 이르는 걸음이며 시간의 진행이다. 우리의 삶은 시작과 끝이 있는 이야기다. 인생은 결코 정적인 것이 아니라 동적인 것이다. 그리스도 안에서의 우리의 소명 그리고 그 소명이 각각의 직업에서 표현되는 방법도 마찬가지로 동적이다.

하나님의 부르심은 "그 부르심에 대한 대답을 막 끝냈다"고 말할 수 있는 성질의 것이 아니다. 그것은 "나는 지금 그 부르심에 응답하고 **있다**"고 계속해서 말해야 하는 것이다. 우리의 소명은, 교사나 실험실 연구원, 사업가나 기계공, 목사와 같은 직업을 선택하고 나서 "자, 이제 나는 부르심에 응하여 내 직업을 찾았다"고 말함으로써 벗어날 수 있는 것이 아니다. 어떤 직업을 갖든지 그것은 현재 우리의 소명에 대한 순종의 행위가 될 수 있다. 그러나 그것은 나중에 다시 소명에 대한 불순종의 행위가 될 수도 있다!

하나님은 미래의 하나님이시다. 하나님은 항상 우리보다 한걸음 앞서 저기 지평선에 가 계시며 우리를 불러 따라오라고 손짓하시는 분이다. 내가 읽은 것 중에서 그리스도인이 되는 것에 대한 최상의 정의는 "당신이 스스로에 대해 아는 것을 하나님에 대해 아는 것에 드리는 것"이다. 스스로에 대한 지식도, 하나님에 대한 지식도 항상 늘어나야 한다. 마찬가지로 그에 따라서 드리는 일, 즉 하나님의 부르심에 응답하는 일도 늘어나야 한다. 여기에 내가 덧붙이고자 하는 것은 "그리스도인이 된다는 것은 **당신이 처해 있는 상황에서** 당신이 스스로에 대해 아는 것을 하나님에 대해 아는 것에 드리는 것"이라는 말이다. 그것은 사회적인 상황이나 정치적인 상황일 수도 있고, 건강 상태나 결혼 상태와 관계될 수도 있다. 확실한 것은 언제나 나이와 관계가 있을 것이라는 점이다.

하나님의 부르심이 갖는 유동성과 역동성은 노년에 이르러서도 소멸되지 않는다. 신학자인 칼 바르트(Karl Barth)는 기념비적인 작품인 「교회 교의학」(*Church Dogmatics*)에서 소명에 대한 아주 좋은 글을 썼다(이 책은 그가 육십대에 쓴 것이다). 그는, 이제는 너무 늙어서 그들의 소명이 굳어 버릴지도 모른다고 생각하는 노인들의 공포를 묘사하는 데, 다음과 같이 생생한 이미지를 사용한다. "다가오는 폭포를 바라보면서 즉 다가오는 심판자의 접근을 바라보면서 책임의 강물이 전보다 더욱 세차게 흘러가야 할 시점에서 강물이 마치 얼거나 굳어 버릴 수 있는 것처럼!"[1] 그들은 공포에 사로잡힌다.

폭포가 있는 절벽에 가까이 갈수록 강물의 흐름이 빨라지듯이 노년은 진정으로 하나님의 부르심에 열려져야 할 때이다! 시간이 촉박한데 어찌 물러서서 머뭇거린단 말인가? 인생이 얼마 남지 않았는데 어찌 당신의 삶을 형편없이 만들 수 있단 말인가? 이는, 은퇴를 젊었을 때 했던 모든 **일**에 대하여 남은 날 동안 **놀면서** 지냄으로써 보상받는 시간이라고 여기는 우리 문화의 생각과 얼마나 대조적인가? 진지한 그리스도인들에게는 한가하게 놀 시간이 없다!

아브라함과 사라는 아브라함이 일흔다섯 살이 되었을 때 하나님의 부르심을 받았다. 이삭은 아브라함이 아흔아홉 살이 되었을 때 태어났다. 아브라함과 사라는 백 살이 넘었을 때 가정에서 사춘기의 청년을 다루어야 했다!

좀더 우리와 가까운 시대의 이야기로 침례교의 총각 목사였던 찰스 맥코이(Charles McCoy) 박사의 이야기가 있다. 그는 일흔 살 때 수십 년 동안 섬겼던 교회에서 은퇴를 요청받았다. 목사로 일하기에는 너무 늙었다고 여겨졌기 때문이다. 처음에 그는 충격으로 무너져 내렸다. 그러나 많은 생각과 기도 후에 그는 은퇴 후 인도에서 순회 전도 사역을 시작하겠다고 교회 위원회에 알렸다. 교회 위원회는 아연실색하였다. 혹시 그가 인도에 가서 죽으면 어쩌나라는 그들의 걱정에 맥코이 목사는 "여기에서나 인도에서나 천국이 가깝기는 마찬가지"라고 답했다. 이렇게 시작된 사역은 그가 여든 네 살에 낮잠을 자는 도중 숨을 거둘 때까지 계속되었다!

루트비히 판 베토벤은 누군가가 이웃집의 대문을 강하게 두드리는 소리에 한밤중에 잠에서 깨어났다. 두드리는 소리는 네 번 계속해서 때리고 한 번 쉬었다가 다시 네 번을 때리고 다시 한 번 쉬고, 다시 네 번 때렸다. 그는 다시 잠을 이룰 수 없었다. 네 번의 문 두드리는 소리는 비옥한 음악성을 지닌 그의 마음 속에서 반복되는 네 번의 비트(beat)로 바뀌었다. 이리하여 그 유명한 교향곡 제5번이 탄생하였다. 이 교향곡에서 네 차례의 비트는 처음부터 끝까지 다양하게 반복되어 우리의 탄성을 자아낸다. 항상 똑같은 네 비트지만 언제나 새롭게 반복된다.

우리의 소명은 정적이지 않고 **동적**이다. 그 부르심은 모든 상황, 모든 전환점에서 우리의 삶에 대한 권리를 두드려 대고 있다. 그 소리는 항상 같지만 언제나 새롭다.

토론 문제

1. '부르심'(Calling, vocation)과 '직업'(callings, occupation)의 차이는 무엇인가?
2. "각각의 '부르심'은 높은 차원의 부르심을 추구하는 무대가 되어야 한다"는 말에 대하여 토론하라.
3. 직업에서의 궁극적인 책임을 우리 위에 있는 사장이나 상사를 향해서가 아니라 하나님을 향하여 진다고 생각할 때 어떤 변화가 있겠는가?
4. 저자는 "그리스도인은 권리를 가지지만, 그에 앞서서 언제나 의무가 있다"고 말한다. 이러한 구별은 무슨 뜻인가?
5. 인생살이를 '걸음'〔行步〕에 비유하는 사상에 대하여 토론하라.

5
일을 하는 새로운 이유들

사람의 일이 거룩한가
아니면 세속적인가를 결정하는 것은
그 사람이 무엇을 하느냐에 있지 않고
왜 그 일을 하느냐에 있다

- A. W. 토저

맥도날드 햄버거 체인점의 창업주였던 고(故) 레이 크록(Ray Kroc)은 다음과 같은 말을 했다. "나는 맥도날드에 대하여 마치 종교와 같은 믿음을 가지고 있습니다. 나는 하나님을 믿고 내 가족을 믿고 맥도날드를 믿습니다. 그런데 일에 임해서는 그 순서가 바뀝니다."[1] 물론 이러한 종류의 말은 기독교적인 소명관 혹은 **부르심**을 저주하는 말이다. 음악가든, 청소부든, 축구 코치든, 어떤 직업을 가지고 있든지 그리스도에게로 오면 우선 그리스도인 일꾼들이 되며 그 다음에 음악가나 청소부나 축구 코치가 된다. '직업'이 무엇이든 우리는 우선적으로 일을 통하여 그리스도를 섬기도록 **부르심을 받았다.**

언뜻 보기에는 이와 같은 태도가 우리가 직업상 하는 일의 질을 떨어뜨릴 것처럼 보인다. 만약 모든 것이 그리스도의 종으로서의 부르심 다음에 오는 이차적인 것이라고 한다면, 사람들은 그것들을 부차적인 것으로 취급하지 않겠는가? 하지만 그렇지 않다. 소명에 대한 올바른 이해는 실제로 그와 반대의 효과를 가져온다. 그리스도인으로서의 소명을 첫째로 내세우는 그리스도인은 레이 크록만큼이나 열심히, 아마도 그보다 더 열심히 일할 것이다. 그 차이점은 그의 **동기**에 있다.

한 젊은 여인이(그녀는 하녀였다) 예수 그리스도에게 돌아오고 나서 찰스 스펄전 목사가 시무하는 침례 교회의 교인으로 등록하게 되었다. 교인이 되고자 하는 사람들을 심사하기 위해 교회는 위원회를 임명했다. 면담을 하는 도중 스펄전 목사는, 그녀가 진실로 회개했다는 증거가 무엇인지 물어 보았다. 그녀는 대답했다. "이제 저는 제가 일하는 집의 먼지를 양탄자 밑에 쓸어 넣지 않습니다." 그러자 스펄전 목사는 다른 위원들에게 이렇게 말했다. "그것으로 충분합니다. 그녀를 교인으로 받아들입시다."[2]

이 젊은 여인은 소명 의식 때문에 일을 더 잘하게 되었지, 더 못하게 된 것이 아니었다. 이제 그녀는 전혀 다른 이유 때문에 일하게 되었다. 그 이유가 무엇인가?

1. 감추어진 생명

사도 바울은 골로새서 3장에서 그리스도인의 소명의 토대를 이렇게 규정한다. "그러므로 너희가 그리스도와 함께 다시 살리심을 받았으면 위엣 것을 찾으라. 거기는 그리스도께서 하나님 우편에 앉아 계시느니라. 위엣 것을 생각하고 땅엣 것을 생각지 말라. 이는 너희가 죽었고 **너희 생명이 그리스도와 함께 하나님 안에 감취었음이니라**"(골 3:1-3).

바울은 우리의 생명을 '하나님 안에서 그리스도와 함께 감추어진 것'으로 묘사한다. 그리스도인의 생활의 기적과 신비는, 그리스도를 신뢰할 때에 우리가 거듭난다는 사실에 있다. 우리의 옛 생활은 그리스도와 더불어 죽고 새로운 생명이 부활 안에서 그리스도와 함께 탄생되는 것이다. 현재와 미래의 모든 것은 이제 그리스도 안에 '감추어져 있다.' 그리스도가 우리의 시작이며 끝이다. 바울의 말을 빌리자면, 진실로 그 분이 우리의 생명이다.

나는 이것이 기적이며 신비라고 말했다. 그리스도 안에서의 새 생명은 도무지 우리 스스로의 힘이나 노력으로 이끌어 낼 수 없는 것이기 때문이다. 처음부터 끝까지 그것은 하나님의 기적의 역사이다. 또한 그것은 사람의 이해를 넘어서기 때문에 신비이다. 우리의 참된 생명이 시작부터 끝까지 그리스도와 더불어 그리스도 안에 감추어져 있다는 사실을 누가 이해할 수 있단 말인가? 그러나 그것이 바로 그리스도인의 생활의 본질이다. 우리의 삶이, 우리의 처음이자 마지막이며 모든 것이 되시는 그리스도와 연합되어 있다는 것, 이것이 그리스도인의 생활의 본질이다.

어떤 할머니의 기억력이 쇠퇴하기 시작했다. 그녀는 한때 수백 개의 성경 구절을 암송했다. 그러나 이제 그녀는 겨우 디모데후서 1:12만을 기억할 수 있을 뿐이다. "이를 인하여 내가 또 이 고난을 받되 부끄러워하지 아니함은 나의 의뢰한 자를 내가 알고 또한 나의 의탁한 것을 그 날까지 저가 능히 이루실 줄을 확신함이라." 그러나 이것마저도 조금씩 조금씩 잊혀지기 시작하여 나중에 그녀가 기억할 수 있었던 것은 "나의 의탁한 것을 그 날까지 저가 능히 이루실 줄을 확신함이라"가 전부였다. 마침내 그것도 단 한 단어만 빼놓고 기억에서 사라지게 되었다. 죽기 직전에 그 할머니가 되풀이해서 말할 수 있었던 것은 "저가, 저가, 저가"뿐이었다. 성경에서 그 할머니의 기억에 남은 것은 단 한마디였다. 그러나 할머니는 그 한 단어 속에 성경 전체를 가지고 있었다. 그리고 그리스도인의 생활 전부를 가지고 있었다. "저가, 저가, 저가." 그것이 바로 우리와 그리스도가 이루는 연합의 본질이다.[3]

그리스도와의 연합은 또한 노동 윤리를 포함한 모든 기독교 윤리의 근간이다. 그것은 우리가 삶에 대해 믿고 생각하는 방식을 전체적으로 또 종합적으로 바꾸기 시작한다. 바울이 어떻게 말하고 있는지를 살펴보라. "그러므로 너희가 그리스도와 함께 다시 살리심을 받았으면 **위엣 것을 찾으라**. 거기는 그리스도께서 하나님 우편에 앉아 계시느니라. **위엣 것을 생각하고 땅엣 것을 생각지 말라**"(골 3:1-2).

체스터톤은 불신자를, 머리를 땅에 박고 두 발로 공중을 차는 사람에 비유함으로써 이 본문이 가지는 신학에 대하여 잊을 수 없는 생생한 이미지를 그려 놓았다. 하늘에 있는 것들은, 이 사람에게 공상적이며 비실재적이다. 땅에 있는 것들만이 그에게 실재적이다. 체스터톤은, "당신이 그리스도인이 될 때 하나님은 당신을 뒤집어 바르게 세워서 두 발이 속해 있는 지면에 두 발을 딛게 하고 머리가 속해 있는 하늘에 머리를 두신다. 이리하여 당신은 어디로 가는지를 분명히 보면서 걸을 수 있게 된다"고 쓰고 있다.[4]

그리스도와의 연합에 근거하여 이처럼 근본적으로 우리의 전 존재의 방향을 재정립하게 되면 이 땅에서의 우리의 행보와 일은 달라질 것이다. 그것은 땅의 실재나 땅에 있는 것들을 부인하는 것이 아니다. 그것은 땅에 있는 것들을 적절한 관점에서 바라볼 수 있게 해준다. "그 사람은 너무 천국 지향적이라 이 땅에서 훌륭한 사람이 될 수 없다"는 말이 있다. 그러나 성경의 관점은 다르다. 성경의 관점은 지상에서 훌륭한 인물이 되는 유일한 길은 천국 지향적인 마음을 갖는 것이라고 가르친다. 실제로 우리들 대부분은 너무나 속세 지향적인 마음을 가지고 있어서 이 땅에서 훌륭한 존재가 되지 못하고 있는 것이다.

17세기의 위대한 사제인 조지 허버트는 그리스도인의 소명을 노래한 시인이다. 그의 글에서 부르심의 주제는 반복해서 나타난다. 그는 어떤 시에서 인생을 메들리 즉 서로 함께 엮여서 연주되는 두 개의 노래에 비유한다. 우리의 인생은 지상에서의 삶과 천상에서의 삶이 서로 메들리로 엮여져 있다는 것이다.

> 사람은 홀로 그 둘을 함께 엮어서
> 그것을 하나로 만드네.
> 한 손으로는 하늘을 만지고,
> 다른 한 손으로는 땅을 만지면서…[5]

허버트의 역작은 우리가 살펴본 골로새서 3:3에 대한 소품인데, 그 제목은 '우리 생명은 하나님 안에 그리스도와 함께 감취었네'이다. 허버트는 그리스도인의 삶은 '이중적인 동작'이라고 말한다. 즉 그것은 지상에서의 삶과 하늘에서의 삶이다. 둘 다 실제적이며 타당하나 우리의 일상적인 삶에 결정적인 것은 그리스도 안에서 하늘에 감추어 있는 삶이다. 그것은 보이는 것에 생명력을 주는, 보이지 않는 삶이다. 허버트는 이 두 개의 삶에 대하여 다음과 같이 말한다.

> 우리의 삶은 육체에 싸여 땅으로 향하네.
> 또 다른 삶은 그 분을 향하여 가네.
> 그 분의 복된 탄생은 내게 가르치네.
> 여기에 살면서도 계속 한 눈으로

위에 있는 것을 목표 삼아 그것을 바라보라고.[6]

우리가 하는 일은 그리스도 안에 '감추인' 우리의 생명으로부터 진행된다. 그 생명은 눈에 보이지 않지만 그 영향은 우리가 행하는 매일매일의 일상적인 일에서조차 모두가 볼 수 있을 정도로 분명하다. 그리고 그 일상적인 일은 바로 '위엣 것'을 목표 삼고 그것을 향하고 있는 것이다.

2. 그리스도의 증인

이 '감추인 생명'을 기초로, 바울 사도는 일에 대한 진정한 기독교적 동기를 부여한다. 그는 이렇게 말한다. "또 무엇을 하든지 말에나 일에나 다 주 예수의 **이름**으로 하고 그를 힘입어 하나님 아버지께 감사하라"(골 3:17).

당신이 하는 모든 일을 "주 예수의 **이름**으로" 하라. 이 말은 일을 포함한 우리의 모든 것이 주 예수를 의지해서 그의 **종**과 **대변자**와 **증인**으로서 행해져야 한다는 뜻이다. 그리스도와 연합되고 그 안에 우리의 생명이 감추어짐으로써 이제 우리는 그리스도의 이름을 지니게 되었다. 우리는 그의 사람—그리스도인, 그리스도의 사람이다. 그러므로 우리는 일하는 가운데 그의 이름이 존귀히 여김을 받도록 해야 한다.

허드슨 테일러는 "만약 당신의 부모님이나 형제와 자매가, 당신의 개와 고양이가 당신이 그리스도인이 된 것을 기뻐하지 않는다면, 당신이 진정한 그리스도인인지 의심해 보라"[7]고 말했다. 어떤 이는 이것을 '개와 고양이 테스트'라고 이름붙였다. 그런데 기독교에 대한 '일 테스트'도 있다. "당신의 직장 동료들은 당신이 그리스도인이기 때문에 더 기쁘고 유쾌하게 일하는가?"

바울은 디모데에게 "무릇 멍에 아래 있는 종들은 자기 상전들을 범사에 마땅히 공경할 자로 알지니 **이는 하나님의 이름과 교훈으로 훼방을 받지 않**

게 하려 함이라"(딤전 6:1)고 썼다.

바울은 디도에게도 똑같은 말을 한다. "종들로는 자기 상전들에게 범사에 순종하여 기쁘게 하고 거스려 말하지 말며 떼어먹지 말고 오직 선한 충성을 다하게 하라. **이는 범사에 우리 구주 하나님의 교훈을 빛나게 하려 함이라**"(딛 2:9-10).

예수님은, 그를 따르는 우리가 세상의 소금이라고 가르치셨다. 소금은 방부제이다. 소금은 고기가 썩는 것을 막아 준다. 우리의 일터는 우리가 단지 거기에 있다는 이유만으로도 더 나은 장소가 되어야 한다. 소금은 또한 사람들을 목마르게 만든다. 우리는, 우리와 더불어 일하는 사람들이 우리와 함께 일하기 때문에, 그리고 우리가 근면하고 정직하게 일하며 다른 사람들을 존경하는 것을 봄으로써 그리스도에 대한 갈급함을 느낄 수 있게 만들어야 한다.

3. 그리스도에 대한 경외

그리스도 안에 감추어진 생명은 우리에게 일을 하는 새로운 이유들과 동기들을 준다. 그 중에서도 중요한 이유와 동기는 우리의 일 가운데서 그리스도의 이름이 높아지는 것을 보고자 하는 열망이다. 그러나 그보다 더 중요한 것은 주님에 대한 경외심이다. 20세기 후반을 살고 있는 우리는 왜 이것이 가장 중요한 동기인지를 이해하기 힘들 것이다.

그것을 이해하기 어려운 이유 중 하나는 그것을 있는 그대로 받아들이기가 매우 어렵다는 데 있다. 바울은 자신의 요점을 말하기 위하여 최악의 직업, 가장 경멸할 만한 종류의 직업인 노예에 대해 말한다. 바울은 특별히 노예들에게 주님께 순종하는 길의 하나로서 지상의 주인에게 순종하라고 명하고 있다. "종들아, 모든 일에 육신의 상전들에게 순종하되 사람을 기쁘게 하는 자와 같이 눈가림만 하지 말고 오직 주를 두려워하여 성실한 마음으로 하라. 무슨 일을 하든지 마음을 다하여 주께 하듯하고 사람에게 하듯하지 말라"(골 3 : 22-23).

더 나아가 바울은, 주님에 대한 가장 온유하고 거룩한 태도인 경외심을 표시하는 방법으로 그들의 상전에게 순종하라고 명한다. 방금 인용한 본문의 국제새번역(NIV)에는 **두려움**(fear)이라는 단어 대신 **존경**(reverence)이라는 단어가 나온다. 그러나 헬라어의 문자적인 의미는 두려움이다. 현대의 번역자들은 이 두려움이라는 단어를 약간 메스꺼워한다. 그들은 두려움을 그리스도인의 생활의 정당한 동기 유발 요인으로 보는 데 어떤 신학적인 편견을 가지고 있는 것 같다. 그래서 그들은 두려움이라는 단어를 **존경**이나 **경외**(awe) 같은 단어로 대체시킨다. 이런 단어들이 완전히 틀린 것은 아니지만 **두려움**이라는 단어가 지닌 힘을 포착하는 데 실패하고 있다.

두려움이라는 단어는 신구약 성경에 두루 걸쳐서 거룩하신 하나님의 면전에 끌려온 죄인이 느끼는 공포와 전율을 묘사하는 데 사용되었다. 이사야 선지자가 성전에서 하나님을 뵈었을 때의 반응을 가장 잘 묘사해 주는 단어가 바로 이것이다. 다메섹 도상에서 부활하신 그리스도와 부딪혔을 때 바울이 경험했던 바를 가장 잘 보여 주는 단어도 바로 이것이다. **두려움**이라는 단어는 우리와 하나님의 관계에 꼭 있어야 할 전적인 진지함과 중압감을 전달해 준다. 그리스도는 주님이시며, 우리는 그의 백성이다. 그 분은 명령하시며 우리는 그 명령에 순종한다.

아브라함 카이퍼(Abraham Kuyper)가 말했다시피, 주 예수 그리스도께서 손을 짚어서 '내 것'이라고 하지 않은 삶의 영역은 단 한 군데도 없다.[8] 거기에는 우리의 직업도 포함된다. 우리의 모든 삶이 주님을 섬기는 것이기 때문에 우리가 일하면서 행하는 모든 것은, 우리 앞에 계신 주님에 대한 두려움으로 행해야 한다. 우리는 일을 하면서 그 분과의 관계에 있어야 할 모든 진지함과 무게를 느낄 수 있어야 한다. 우리는, 모든 일을 주님께 그리고 주님을 위하여 하기를 기대하시며 언젠가는 우리의 행위에 대한 셈을 요구하실, 두려우신 하나님 앞에 서 있다는 것을 알고 있다.

새로운 상전, 새로운 근면, 새로운 성결

이것은 우리의 일에 대하여 세 가지를 말해 준다. 첫째, 만약 우리가 그리스도인이라면 우리에게는 새 상전이 있다. 그 상전은 위계 질서상 우리 위에 있는 사람이 아니다. 그 분은 바로 주님이다. 하나님을 섬기는 한 방법으로서 우리는 제도상 우리 위에 있는 사람에게 봉사하는 것이다.

둘째, 우리의 실제 상전은 하나님이며 우리가 이 세상의 상전을 모시는 것은 하늘의 상전을 모시는 한 방법이기 때문에 신실하게 온 마음을 다해 일해야 한다. 육체의 상전에게 잘 보이기 위해서가 아니라 주님을 기쁘시게 해드리기 위해서 일해야 한다. 윌리엄 바클레이는 "그리스도인 일꾼은 자신이 하는 모든 일이 하나님 보시기에 충분할 만큼 좋다는 것을 확신해야 한다"고 말한다.[9]

오스카 해머스타인(Oscar Hammerstein)은 그의 책 「서정시」(*Lyrics*)에서 자유의 여신상 머리 꼭대기 부분을 헬리콥터에서 찍은 사진을 보았던 순간에 대하여 말한다. 그는 세세하게 공들인 그 여신상의 머리 장식을 보고 감탄하였다. 해머스타인은, 그 조각가가 설사 꿈에서라도 어느 날 수송 수단이 발달하여, 사람들이 자기가 만든 작품의 머리 꼭대기를 내려다 볼 수 있으리라고는 도저히 상상도 할 수 없었을 것이라고 생각했다. 그렇지만 그 조각가는 얼굴과 팔, 다리를 조각하듯이 그 상(像)의 머리 부분을 정성들여 조각했던 것이다. 해머스타인은 이렇게 쓰고 있다. "예술 작품을 만들 때, 아니 무슨 일을 하든지 그 일을 완벽하게 끝마치라. 그 순간에는 개발되지 않았던 헬리콥터나 다른 도구가 출현하여 당신의 작품을 발견하게 될지 알 수 없다."[10]

궁극적으로 우리는 지상의 상전이 아닌 주님 앞에서 일하는 것이다. 주님은 우리가 하는 크고작은 일, 감추어 있거나 드러나 있는 모든 일을 보신다. 그러므로 우리는 주님께 하듯이 아주 신중하고 성실하게 모든 일을 해야 한다.

지상의 상전들에게도 상전이 있다! 바울은 노예들에게 말한 후에 주인들에게도 똑같은 말을, 간략하지만 핵심적으로 하고 있다. 바울은 노예들을 위하여 상전들이 해야 할 일을 일깨워 준다. "상전들아, 의와 공평을 종들에게 베풀지니 너희에게도 하늘에 상전이 계심을 알지어다"(골 4:1).

셋째, **두려움**이라는 단어는 우리가 하는 모든 일의 본질적인 신성함을 가리킨다. 두려움이란 하나님의 거룩한 존전에 서는 자가 갖는 감정이다. 일을 하되 주님께 하듯 한다는 것은 단연코 거룩한 것이다. 원래부터 세속적인 일이라는 것은 없다. 오직 두 종류의 일이 있을 뿐이다. 그리스도를 위한 일이기 때문에 성스러운 일과, 주님이 아닌 다른 사람 또는 다른 무엇을 위한 일이기 때문에 세속적인 일이 그것이다. 부엌의 싱크대 앞에 이런 경구가 붙여진 것을 본 적이 있다. "매일 세 번씩 여기에서 신성한 섬김이 행하여진다." 우리는 이 말을 책상 위에도, 컴퓨터 위에도, 작업대 위에도, 자동차 핸들에도 붙여야 할 것이다.

그리스도의 고난에 동참함

사도 베드로는 주님을 위한 모든 일의 신성한 본질에 대하여 놀라운 결론을 내린다. 베드로는, 힘들고 괴로운 상황에서 하는 일보다 더 성스러운 것은 없다고 말한다. 베드로는 잔인한 감독관 밑에서 일하는 노예들에게, 주인에게 순복하고 그를 존경하라고 권면한다. 그 까닭이 무엇인가? 악조건의 직장이나 악한 상전을 위해서 일을 잘하는 것은, 그리스도의 고난에 동참함으로써 그리스도를 닮는 한 방법이라고 그는 말한다. "…오직 선을 행함으로 고난을 받고 참으면 이는 하나님 앞에 아름다우니라. **이를 위하여 너희가 부르심을 입었으니** 그리스도도 너희를 위하여 고난을 받으사 너희에게 본을 끼쳐 **그 자취를 따라오게 하려 하셨느니라**"(벧전 2:20-21).

우리 앞에 계신 주님을 두려워하면서 일하는 것이 힘든 것임은 이미 언급했다! 상사와 돈과 제도의 문제가 우리에게 쇄도해 올 때 우리들 대부분의 즉각적인 반응은 가수인 쟈니 페이체크에 동조하여 "이 일자리 내놓을 테니 가지고 가슈"라고 말하는 것이다. 그러나 그 어려움의 이면에는 고난 당하신 그리스도와 특별한 교제를 나누는 기쁨이 있다.

이 특별한 기쁨은 하룻밤 사이에 오는 것이 아니다. 자연의 열매처럼 성령의 열매도 수고하여 농사를 지은 후 추수 때를 기다려야만 얻을 수 있다. 깊이 있고 지속적인 기쁨은 일시적인 사건이 아니라 긴 과정을 통해 얻어진다. 여기에서 핵심은 그리스도의 고난에 동참하는 기쁨을 우리가 선택한다는 데 있다. 이것은 지나친 종교적 열기에 빠져서 일해야 한다는 의미가 아니다. 이것은 우리가 구체적인 일상 생활에서 그리고 흔히는 기쁨 없는 상황 속에서 냉철하게 하나님이 약속하신 것들을 추구하기를 선택하는 것을 의미한다.

반드시 잔인한 감독이 상사일 필요는 없다. 그런 사람을 만난 것은 우연의 일치인지도 모른다. 상황에 따라서 당신이 좋아하지 않는 일을 어쩔 수 없이 하게 될 수도 있다. 상황 때문에 원하는 일을 하지 못할 수도 있다. **당신이 할 수 있는 일을 그리스도를 위하여 하듯 하기**로 결단한다면 아주 힘들고 혐오스런 일이라 할지라도 거룩하게 될 것이다.

나는 미네아폴리스의 한 침례 교회 휴게실에 놓여 있는 한 종이 상자에 쓰인, 인상적인 사인과 사진에 큰 감동을 받은 적이 있다. 그 사인은 '팀 린드블룸(Tim Lindbloom)의 기도 사역'이라고 되어 있었고, 헬멧을 쓴 채 휠체어에 탄 어떤 젊은이의 사진이 붙어 있었다. 그 젊은이는 뇌성마비 환자 같았다. 상자의 윗부분에는 기도 제목을 쓴 종이를 넣을 수 있는 구멍이 있었고 그 밑에는 "단지 무슨 일이 있는지를 내게 알려 주기만을 요청합니다"라는 글귀가 있었다.

많은 한계를 지닌 이 젊은이가 무슨 일을 할 수 있겠는가? 그는 끈기 있게 견디며 기도할 수 있을 것이다. 특히 기도를 할 수 있을 것이다. 자신이 무엇인가를 하고 있다는 사실에 대하여 그가 제공받는 유일한 힌트는 그가 기도해 주는 사람들에게서 무슨 일이 있는지를 듣는 것이다. 이것은 특별한 교제이며 특별한 보답이 아닐 수 없다.

4. 그리스도의 보상

바울은 봉급에 대해 언급함으로써 일에 대한 그리스도인의 동기를 마무리한다. "무슨 일을 하든지 마음을 다하여 주께 하듯 하고 사람에게 하듯 하지 말라. **이는 유업의 상을 주께 받을 줄 앎이니** 너희는 주 그리스도를 섬기느니라"(골 3:23-24).

그리스도와 연합되고 우리의 참 생명이 그리스도 안에 감추임으로써 우리는 직장에서 새로운 상전을 모시게 되었을 뿐만 아니라 새로운 수입원을 갖게 되었다. 그것은 우리의 일에 대한 보상으로서 주님이 주시는 유산이다! 헬라어의 **보상**이라는 말은 우리의 몫을 충분하게 받는다는 뜻이다.

이와 같은 기독교의 미래 지향성은 우리 시대에는 좋지 않은 소식이다. 우리는 주님으로부터 받게 될 유업을 위하여 일하기보다는 더 좋은 집이나 산 속의 콘도, 더 좋은 차를 사기 위해 일한다. 그러나 기독교의 미래 지향성은, 우리가 인정받지 못하고 우리의 값어치대로 대가를 받지 못하는 나쁜 조건에서 우리를 해방시켜 소망 가운데 즐겁고 부지런히 일하도록 만들 수 있다.

존 칼빈이, 배은망덕한 제네바 시에서 추방되었을 때(그는 제네바 시에서 수년 동안 쉬지 않고 자신을 돌보지 않으면서 일했다) 그는 이렇게 말했다. "내가 단지 사람을 섬겼다면 이러한 조치는 정말 형편없는 보상일 것이다. 그러나 나는, 자신의 종들에게 약속하신 대로 틀림없이 보답하시는 그분을 섬겼기 때문에 행복하다."[11]

내 친구 하나는 고등학교 시절 여름 방학 아르바이트를 구했다. 그런데 형편없는 대가와 불결한 환경 때문에 그 아르바이트에 크게 실망하고 말았다. 어느 날 그의 아버지가 "일이 어떠냐?"고 물었다.

그 친구는 대답했다. "그저 그래요. 일을 열심히 한 만큼 충분한 대가는 받지 못할 것 같아요."

그러자 아버지는 몹시 화를 내면서 말씀하셨다. "네가 받는 임금에 비해서 일이 너무 힘들다는 말이냐? 보수가 얼마든지 상관없이 일을 열심히 하든지 아니면 그만두어라!"

그 사건은 한 젊은이가 자신이 한 말은 그대로 실천에 옮겨야 한다는 사실을 배우는 좋은 기회가 되었다. 거기에 내가 덧붙일 수 있는 것은 단 한 가지이다. "주님을 위하여 일하고 있기 때문에 당신은 열심히 일을 해야 한다. 그러면 주님은, 당신이 한 일이 가치 있는 만큼, 그리고 충분하게 갚아 주실 것이다."

해방되어 소망 중에서 일한다는 것은 우리가 우리의 고된 일에 대하여 보상을 받는다는 사실을 안다는 의미이다. 그러나 그것은 그 이상의 의미가 있다. 그것은 또한 하나님의 은혜와 부활의 권능으로 말미암아 우리의 고된 일이 앞으로 **중요하게** 쓰이리라는 것이다. 고린도전서 15장에서 사도 바울은 부활에 대한 열광적인 진술을 마친 뒤에 첫 번째 실제적인 결론을 이렇게 유도하고 있다. "그러므로 내 사랑하는 형제들아, 견고하며 흔들리지 말며 항상 주의 일에 더욱 힘쓰는 자들이 되라. **이는 너희 수고가 주 안에서 헛되지 않은 줄을 앎이니라**"(58절).

물론 무엇보다도 복음을 전파하고 그의 이름으로 자비와 정의를 실천하는 것이 주님의 일이다. 그러나 이 본문에서 살펴보았다시피 우리가 직장에서 전심으로 일하는 것이 주님의 일이기도 하다.

암스테르담에 온 어떤 여행객이 성 니콜라스 교회를 방문했다. 그는 이 성당의 아름다운 관종(管鐘, 차임벨)에 대하여 많이 들었기 때문에 종탑 꼭대기에 올라가서 어떻게 종이 울리는지를 살펴보고 싶었다. 그런데 막상 그 광경을 직접 보고 들은 그는 충격을 받았다. 거기에는 나무로 된 장갑을 낀 어떤 사람이 커다란 키보드 앞에 서서 땀을 흘리고 헉헉대며 건반을 쾅 쾅 두드리고 있었다. 그 소음은 귀가 멀 정도로 컸다. 거기에는 건반을 두드릴 때 나는 덜컹거리는 소리와 위에서 쟁쟁하게 울리는 종들의 거친 불협화음밖에 없었다. 여행객은 어째서 사람들이 그 종소리를 그토록 사랑하는지 의아해하면서 그 자리를 떠났다.

다음 날 같은 시간에 그는 도시의 다른 곳을 관광하고 있었다. 그 도시를 가로질러 성 니콜라스 교회에서 대단히 아름다운 소리가 울려 왔다. 종에서 흘러나오는 맑고 풍부하고 부드러운 소리였다. 그제야 그는 종탑에 있는 그 사람을 기억하고, 그가 하는 고된 일이 멀리서는 얼마나 아름다운지 그가 알게 되기를 바랐다.

'주님께 하듯이' 하는 일의 충분한 가치는 영원 속에서 그 일들을 돌아보지 않는 한 결코 다 알지 못할 것이다. 그리스도 안에서 그리스도를 위하여 행한 모든 일은 아무리 비천하고 제대로 평가받지 못하고 인정받지 못한다 할지라도 그 분으로부터 보답을 받을 것이다.

이 은혜로운 보답에 관한 또 다른 중요한 점이 있다. 그것은 그리스도께서 우리에게 주시는 보답이, 우리들 가운데 누가 행한 것 혹은 행할 수 있는 일과는 큰 차이가 나는 엄청난 대가라는 것이다. 그리스도께서 우리에게 보답해 주시는 전제, 실로 성경이 일에 관하여 말하는 모든 것의 전제는 하나님의 은혜이다. 내가 일에 대한 결론을 이끌어 낸 성경 구절은 이렇게 시작된다. "그러므로 너희가 그리스도와 함께 다시 살리심을 받았으면…" (골 3:1).

우리는 그리스도와 함께 다시 부활하기 위하여 일하는 것이 아니다. 우리가 그리스도와 함께 다시 살리심을 받았기 **때문에** 일하는 것이다! 하나님의 선물은 우리가 하는 일에 대한 하나님의 응답이 아니다. 하나님의 선물에 대한 응답이 바로 우리가 하는 일이다!

다음과 같이 말한다고 해서 내가 지나치다는 생각은 들지 않는다. 우리 속에 그를 위하여 일할 소원을 불러일으키시는 바로 그 하나님이 우리의 일을 취해서서(비록 아무리 하찮은 동기에서 그 일을 했다 할지라도) 그 일이 우리 손에 맡겨져 있을 실제의 모습보다 훨씬 뛰어난 것으로 만드신다. 그것은 처음부터 끝까지 모두 하나님의 은혜다. 위대한 소명의 시인인 조지 허버트가 이 점을 아주 잘 표현했다. '주님께 하듯이'라는 기도는 평범한 것을 황금으로 만드는 연금술이다. 그러나 그것은 우리의 일이 아니라 하나님의 일이다.

> 하여 하나님이 만지시고 소유하신 것을
> 어찌 감히 감하여 말할 수 있겠는가.[12]

감추인 생명, 그리스도의 증인, 그리스도에 대한 경외, 그리스도의 보상, 이 모든 것이 일을 해방시키고, 변혁시키고 혁명적으로 만드는 새로운 이유들이 아니겠는가? 그러나 내가 한 말 중에서 한 가지가 잘못되었다. 실제로 일을 하는 **이유들**이 있는 것이 아니다. 일하는 이유는 단 하나밖에 없다. 바로 그 분, 그 분, 그 분이다. 예수 그리스도, 우리의 주인이시며 상전, 성실하게 그를 섬기는 모든 사람에게 보답을 베푸시는 이, 바로 그 분이다. 왜 우리는 지금 섬기는 직장의 상사들을 존경하며, 정직하게 열심히 일하는가? 바로 우리가 그리스도와 연합되어 있기 때문에, 우리가 그리스도의 증인이기 때문에, 우리가 그리스도를 두려워하기 때문에, 우리가 주님이 주시는 보상에 대한 소망을 가지고 있기 때문에 그렇게 일하는 것이다.

복음 전도자인 샘 존스(Sam Jones)는 부흥 집회에서 새로운 개종자들에게 소위 말하는 '끊는 모임'에 대하여 자주 말했다. 사람들은 그 모임에 와서 공적으로 자신의 죄를 고백하고, 회개하고, 욕하고 저주하고 술 취하고 흡연하고 험담하는 일 등을 끊었다. 그는 어느 날 집회에 나온 한 여인에게 무엇을 끊을 계획이냐고 물었다. 그러자 그 여인이 대답했다. "나는 아무것도 하지 않고 있었는데 이제는 그것도 끊을 예정입니다."

그리스도인이 된다는 것은 연간 천만 원 이하의 수입을 받으면서 어렵고 고된 일을 할지언정 아무것도 하지 않는 상태를 끊는 것이다. 그리스도인이 된다는 것은 옛 직업에서 새로운 직업을 찾는 것이며, 하나님 나라를 위하여 거기에서 무엇인가를 시작하는 것이다.

토론 문제

1. 당신의 '부르심'이나 직업을 살필 때 당신이 일하는 주된 이유는 무엇인가?
2. 저자는 "그리스도와의 연합이 또한 모든 기독교 윤리의 근간이다"라고 말한다. 이 말이 함축하는 바에 대하여 토론하라.
3. 체스터톤이 만들어 낸 이미지에 대하여 토론하라.
4. "주 예수 그리스도의 이름으로" 일한다는 것은 무슨 의미인가?
5. '새로운 상전, 새로운 근면, 새로운 성결'이라는 소제목의 의미에 대하여 토론해 보라.
6. 이러한 종류의 일에 대한 '보상'(salary)은 무엇인가?

프·롤·로·그·둘

예배 성전에서의 섬김

"그런데 저는 그런 식으로 일을 할 수 없어요!" 그 사람의 표정에는 그렇게 되었으면 하는 바람과 그렇게 할 수 없다는 좌절이 서려 있었다. 그는 이제 막 내가 우리가 어떻게 일을 이해하고 해야 하는지에 대하여 한 말을 들었다. 그러나 그는 스스로가 말했다시피 현실주의자였다. "전부 참으로 아름다운 얘기들입니다. 그러나 나는 내일 아침이면 새벽 다섯 시 반에 집을 나서야 합니다. 고속도로로 한 시간을 달려서 직장에 가고, 다시 돌아오는 데 또 한 시간이 걸립니다. 직장에 가고, 가서 일하고, 다시 집에 돌아오는 일에 당신이나 성경이 말하는 것을 조금이라도 닮은 것이 있다면 내 손에 장을 지집니다. 닮은 것이라고는 조금도 없습니다."

그 사람은 자신의 일이 어떻게 부르심에 부응할 수 있는지를 알기 원했다. 그러나 그에게는 많은 다른 목소리들이 월요일에서 금요일까지 하루 종일 아니면 그 이상까지 들려오고 있었다. 그러한 가운데서 어떻게 일을 통하여 주님을 섬기라는 그 분의 부르심을 들을 수 있을까? 어떻게 그 사람이 다른 북소리에 발맞추어 나가는 것은 고사하고 그 북소리를 듣도록 만들 수 있을까?

그 사람은 내 말을 들으면서 해방감이 아니라 더 큰 부담감을 느낀 것 같다. 내 주장이 하루 하루 정직하게 일하는 것으로는 충분하지 않다는 얘기처럼 들렸던 것이다. 나는 그 사람이—아니 하나님은 그 사람이—그리스도를 영화롭게 하기를 바랐다. 그 말이 무슨 뜻이건 말이다.

중요한 요소가 하나 빠지면 직업에 있어서 부르심 혹은 소명에 대한 이 모든 얘기는 내가 들었던 어떤 완벽주의 남편에 대한 이야기와 아주 비슷하게 들릴 수 있다. 아내가 그 남편을 위해 무슨 일을 해도 그에게는 결코 충분하지 않은 것처럼 보였다. 매일 아침 그 남편은 해야 할 잡일거리 목록을 아내에게 주고, 저녁마다 그 일을 모두 잘 해놓았는지 점검을 하곤 했다. 모든 일을 다 끝냈을 때, 그녀가 받았던 최고의 찬사는 가타부타하는 아무런 말 없이 내는 '흠' 소리가 전부였다. 그녀는 남편을 증오하게 되었다. 그리고 남편이 갑작스레 죽게 되자 자신이 안도감을 느끼고 있다는 사실을 깨닫고 그것을 인정하는 것을 몹시 당혹스러워했다.

남편이 죽은 뒤 일 년이 채 안 되어 그녀는 사별한 전 남편에게는 없는 모든 것을 가진 따스하고 사랑이 많은 남자를 만나게 되었다. 그 두 사람은 곧 사랑에 빠져 결혼하게 되었다. 그들이 함께 보내는 매일 매일은 이전의 시간보다 훨씬 나아 보였다.

어느 날 오후에 그녀는 다락방에 올라가서 상자를 정리하고 있었다. 그때 구겨진 종이 조각이 눈에 들어왔다. 그것은 첫 남편이 그녀에게 주곤 했던 잡일거리 목록 중 하나였다. 그녀는 깊은 모멸감을 느끼면서도 그 메모지를 읽어 보았다. 충격적이고 놀랍게도 그녀가 옛 남편을 몹시 증오하면서 해야 했던 그 모든 일을 지금 그녀가 새 남편을 위하여 다 하고 있다는 사실을 발견했다. 그 점에 대하여 그녀는 전혀 생각해 보지 않았던 것이다. 새 남편은 그러한 일들을 해달라고 요청한 적이 한 번도 없었다. 그런데 그녀는 그를 사랑했기 때문에 어쨌든지 그런 일들을 다 하고 있었던 것이다. 벌거벗은 고역이 사랑으로 옷입혀져서 즐거운 봉사로 탈바꿈했다.

사랑이라는 요소

직업에서의 **소명**에 필수 불가결한 요소는 사랑이다. 우리의 일을 기쁨으로 덧입혀 주는 것은 하나님에 대한 사랑이다. 일하도록 우리를 창조해 주신 하나님에 대한 인격적이며 친밀한 사랑의 접촉을 상실해 버린다면 일은 괴로운 것이 되고 만다.

하나님에 대한 우리의 사랑이 자라는 가장 좋은 길은 참된 예배를 드리는 데 있다. 우리들 대부분은 예배를, 하나님에 대한 우리의 사랑을 표현하기 위하여 드리는 것으로 이해하고 있다. 이것이 틀린 말은 아니다. 하나님을 예배할 때, 우리는 찬송과 기도와 감사로 그 분에 대한 사랑을 표현함으로써 우리에 대한 그 분의 사랑에 응답한다. 그러나 이러한 생각에는 결핍

된 것이 있다. 예배는 하나님이 그 분의 사랑을 우리에게 **심어 주기** 위하여 사용하시는 특별한 활동이라는 것이다. 예수님이 말씀하셨다시피, 신령과 진리 안에서 드려진 예배는 참되시며 살아 계신 하나님과의 만남이다. 그와 같은 만남을 경험한 사람은 옛날과 똑같은 모습으로 살 수 없다. 하나님은 예배에서 우리 속에 하나님 자신을 심어 주시며, 우리는 조금씩 조금씩 하나님을 사랑하는 자로 변모하게 된다. 그럴 때 우리의 일 역시 사랑의 수고로 바뀌게 된다.

토머스 찰머스는 거의 옳았다. 행복의 첫 번째 필수 요소는 할 일이 있다는 것이다. 그러나 두 번째는 사랑할 대상이 아니라 누군가 사랑할 분이다. 일반적으로 행복에 적용되는 것은 특별히 일에도 적용된다. 즐겁게 일하려면 사랑이 필요하다. 어떤 사람은 "우리는 의무감 때문에 일을 잘 하게 되지만 사랑 때문에 그 일을 아름답게 하게 된다"고 말했다. 그 이유와 방법에 대해서는 다음 몇 장에 걸쳐서 살펴보도록 하자.

6
예배는 영원하다

하나님의 영광은 충만하게 살아 있는 사람이며
사람의 생명은 하나님에 대한 비전이다

– 이레니우스

"나이가 들면 차차 알게 될 거야."

중학교에 다닐 때, 나는 부모님이 단골로 사용하는 그 말을 얼마나 싫어했는지 모른다. 그 말은 보통 내가 하고 싶은 일과 부모님의 주장이 서로 상치될 때 논쟁이 길어진다 싶으면 나오는 말이었다. 그 말은 부모님의 낡은 마지노선인 "우리가 그렇게 말했으면 그런 줄 알아"가 선포되기 전에, "그런데 왜 안 된단 말이에요?"라고 내가 대드는 데 대응하여 이성적으로 대답하는 부모님 편에서의 마지막 시도였다.

내가 싫어하는 이 상투적인 말을 듣게 되는 상황은 주일마다 아침 여덟 시에 발생하곤 했다. 그 날 아침에는 예배에 갈 필요성을 느끼지 않는다고 침대에서 잠에 취한 몸을 흔들면서 주장하는 나의 항의에 대한 대응으로 나오는 것이었다. "내 마음대로 잠을 자고 몸이 충분히 가뿐해졌을 때 일어나서 샤워를 하고 내 방에서 혼자 조용히 성경책을 읽으면 왜 안 되는 거죠? 그렇게 하는 것이 좋지 않나요? 그렇게 해도 내가 교회에서 배우는 것만큼은 배울 수 있어요, 그것도 예배 드리는 시간의 반 시간 만에 말이에요. 그리고 결국 따지고 보면 그리스도를 구세주와 주님으로 믿도록 신앙을 가르쳐서 나를 그리스도인으로 만든 것은 부모님이지 교회가 아니지 않아요? 어쨌든 하나님께 대한 참된 예배는 우리의 일상 생활에서 주님을 위해 하는 일이 아닌가요? 무엇이 그리 문제가 되나요? 별로 중요하지도 않은 예배에 가는 것이 뭐 그리 대단해요?"

부모님의 대답은 항상 "크면 알게 돼!"였다.

결국 그 분들이 옳았다. 그리고 예배의 중요성에 대한 이 글을 쓰면서 나는 혼자 웃지 않을 수 없다. 이 장은 그러므로 나의 부모님이 왜 옳았는 가에 대한 일종의 간증인 셈이다.

1. 예배는 영원하다

왜 예배가 중요한가? 좀더 구체적으로 말해서 예배가 왜 우리의 일에 그렇게 중요한가? 가장 중요한 이유는 **우리가 하는 모든 일 중에서 예배만이 우리가 영원히 계속할 일이기 때문이다.**

　내가 예배를 일이라고 부른 점을 눈치챘는가? 예배와 일이라는 두 단어가 나란히 놓여 있는 것이 이상하게 보이지 않는가? 사실 성경적인 의미로는 이 두 단어가 아주 밀접하여서 그 둘을 연결시켜 말한다는 것이 불필요할 정도이다.

　일과 예배를 가리키는 성경의 용어들은 놀랍고도 의미 심장한 중의성(重義性)을 가지고 있다. 신구약 모두에서 예배와 일을 가리키는 단어는 동일하다. 구약에서 히브리어 '아바드'(*abad*)는 '일'로도, '예배'로도 번역할 수 있다. 마찬가지로 신약에서 두 헬라어 단어 '라트레이아'(*latreia*)와 '레이투르기아'(*leitourgia*)는 '봉사', '섬김' 또는 '예배'로 번역할 수 있으며 세속적인 맥락에서는 왕에 대한 섬김이나 군 복무라는 의미로 번역할 수 있다. 문맥에 따라 번역자가 선택하는 뜻이 다를 뿐이다. 이러한 사실은 로마서 12:1에서 같은 단어를 두고 어떤 번역은 '이성적인 섬김'으로 또 어떤 번역은 '영적 예배'로 완전히 다르게 번역한 이유를 설명해 준다.

예배와 일, 하나님을 섬기는 두 행위

　한 단어에 두 개의 뜻이라! 혹시 실제로는 뜻이 하나만 있는 것이 아닐까? 이 단어의 이중적인 사용은 하나님께 대한 신실한 예배가 교회에서 드리는 예배에서 끝나는 것이 아니라 만약 그 일이 하나님을 위하여 행하여진다면 '일'(work service)을 통해서도 드려질 수 있음을 시사한다. 성경을 보면 예배와 일 사이에는 끊을 수 없는 연결이 존재하는데, 그 이유는 둘 다 하나님을 섬기는 행위이기 때문이다. 우리는 예배를 드리면서 하나님을 섬기고 일하면서 하나님을 섬긴다. 앞의 것은 성전에서의 예배 의식이며 뒤의 것은 세상에서의 예배 의식이다.

　그러나 일과 예배의 형태 중에서 성전에서의 예배 의식만이 영원하다.

우리가 지금 하루 종일 하는 모든 일은 어느 날 사라져 버릴 것이다. 건축가, 공인 회계사, 요리사, 변호사, 버스 운전사, 엔지니어, 미용사, 은행원, 목수, 정치가, 용접공, 재단사, 교사, 기계 수선공, 세일즈맨이 더 이상 필요 없는 때가 올 것이다. 우리가 하나님 나라를 위하여 하는 일까지도 소용 없게 될 것이다. 전도하는 일도 어느 날부터 더 이상 필요 없게 될 것이다. 기독교 교육도 폐하고 예언이나 사회 봉사도 폐할 것이다.

그러나 예배하는 일은 영원히 계속될 것이다.

영원한 세계의 최상의 존재, 가장 빛나는 존재들은 이미 이 사실을 알고 있다. 요한계시록에 나오는 사도 요한의 천국에 대한 환상은 예배 드리는 장면으로 가득 차 있다. 예를 들어서 4장에서는 매우 웅장하고 지혜로운 네 마리의 생물이 밤낮으로 찬양하며, 그치지 않고 "거룩하다, 거룩하다, 거룩하다, 주 하나님 곧 전능하신 이여. 전에도 계셨고 이제도 계시고 장차 오실 자라!"(계 4:8)고 외친다. 그들이 하는 일은 영원무궁토록 하나님을 예배하는 일뿐이다. 요한계시록을 한 장씩 넘길 때마다 또 다른 하늘의 예배 장면을 보게 된다. 여기에서는 이십사 장로들이 나오고, 저기에서는 수천 수만의 천사들이 나오며 다시 순교당한 성도들이 나오는 등 예배 장면은 계속된다.

하나님께 대한 예배는 영원하다. 하나님께 예배할 때 우리는 우리의 삶과 일에 영원의 일부를 끌어들인다. 이것이 바로 예배가 우리의 일에 그처럼 중요한 이유이다. 하늘에서는, 우리가 지상에서 하나님을 위해 드린 모든 일과 예배가 한데 엮어져 하나님께 대한 영원한 찬양의 깃발이 될 것이다. 영원을 위해 드렸던 바로 그 임시적인 일이 영원히 보존될 것이다. 성전과 세상에서 드리는 두 예배 의식은 하늘에서 영원히 완벽한 통일성을 이룰 것이다.

2. 예배는 일을 변혁시킨다

"그것이 전부입니까? 지금 목사님은 우리가 지상에서 드리는 이 모든 일과 예배에 대한 보상이 고작 하늘에서 다시 예배드리는 것이라고 말씀하는 겁니까?" 그렇다. 그 질문은 우리의 일에서 예배가 그렇게 중요한 두 번째 이유로 이끌어 준다. **예배라는 일은 일하는 사람을 변화시킨다.**

처음에 그 영원한 예배에 대한 생각은 내게도 괴로운 것이었다. 특히 주일 아침마다 이불을 뒤집어쓰고 부모님과 말싸움을 하고 있을 때 말이다. 내가 요한계시록에서 본 하늘의 끊임없는 예배 의식은 길고 긴 헨델의 메시아의 연주 장면 같았다(그 지루함이란!). 그 곳에 가기 위해 나와 다른 모든 불쌍한 영혼들은 죽음의 깊은 잠에서 몸을 깨워 일어나야 했다.

교회의 청소년 부서 담당 전도사님에게 나의 고민을 털어놓았을 때 그는 걱정하지 말라며 나를 안심시켰다. 하늘의 예배를 묘사한 모든 장면은 '단지' 상징일 뿐이라는 것이었다. 그의 말은 위안이 되었다. 나는 그 장면들이 하늘에서 일어날 일은 영원무궁토록 오로지 하나님을 찬양하는 것보다는 훨씬 더 나은 것이 될 것임을 보여 준다고 생각했다. 그러한 확신은 중고등학교, 대학교, 신학교 시절을 거쳐 목사로서 처음 몇 해 동안 내내 나의 생각을 지배해 왔다.

그러나 최근 들어서 나는 하늘 나라의 시민들이 내가 모르는 것을 알고 있는 것이 아닌가 하는 의문이 들었다. 루이스(C. S. Lewis)는 그러한 가능성을 보여 주는 한 비유를 제시했는데 나는 그 비유를 나름대로 번안(飜案)하여 제시하려고 한다. 애완견인 피핀에게 셰익스피어의 소네트를 읽어 준다고 가정해 보자. 피핀은 짐승으로서의 고귀한 구석이라고는 전혀 없는, 귀멀고 색이나 밝히는 늙은 잡종개이다. 그 늙은 개에게 서양 문화의 위대한 문학적 전통의 한 부분을 읽어 줄 때 개의 반응을 한번 상상해 보라. 처음에 그 개는 꼬리를 흔들 것이다. 그리고 식탁에서 부스러기라도 떨어지지 않을까 하여 나를 쳐다볼 것이다. 그러나 곧 내가 읽어 주는 알아듣지 못할 소리를 듣다가 엎어져서 그대로 잠들어 버릴 것이다. 그는 단지 개일 뿐이다. 그 개에게는 내가 지금 읽어 주는 내용을 감상할 만한 능력이 전혀 없다.

그러나 내가 그것을 읽어 줄 때 그 개가 두 귀를 쫑긋 세우고 환한 눈빛으로 나를 쳐다보며, 인정한다는 뜻으로 한두 번 짖는다면 어떨까? 그렇다면 나는 그 개의 신경 조직에 무언가 놀랍고 근본적인 변화가 생겨서 문학을 이해할 수 있는 은사가 주어졌다는 결론을 내릴 것이다.

질문: 피핀이 그 소네트를 이해하고 감상할 수 있다고 해서 셰익스피어의 소네트가 더 나아질까? 천만의 말씀이다. 그렇지 않다. 그렇다면 내 잡종개는 더 고상해지는가? 물론이다. 피핀이 셰익스피어의 작품에 반응한다면 셰익스피어가 고상해지지는 않지만 피핀은 고상해진다.

더 기쁜 일은 없다

내가 십대일 때, 그리고 그 이후로도 계속해서 놓쳐 온 것은 하나님께 대한 사랑과 감사를 영원히 노래하는 것보다 더 즐겁고 흥미로운 것은 없다고 인정하며 감사하는 능력이다. 요한계시록에 나오는 기묘하고 신기한 짐승들에게는 그 능력이 있었다. 장로들과 순교자들과 천사들도 그 능력을 가지고 있었다. 그런데 나에게는 아직 없다.

그러나 언젠가는 나도 그렇게 될 것이다. 성경에서 말하는 영화(榮化)가 내게도 일어날 것이다. 그리스도를 얼굴과 얼굴을 맞대어 만나는 그 날, 내 영혼은 완전히 새로워지고 확장되고 잘 조절되어 하나님을 그 분 그대로 완전하게 이해할 수 있게 될 것이다. 사도 요한은 이렇게 썼다. "사랑하는 자들아, 우리가 지금은 하나님의 자녀라. 장래에 어떻게 될 것은 아직 나타나지 아니하였으나 그가 나타내심이 되면 우리가 그와 같은 줄을 아는 것은 그의 계신 그대로 볼 것을 인함이라"(요일 3:2). 바로 이 말이 우리가 영화롭게 된다는 말이다. 즉 우리가 그의 어떠하심과 같이 될 것이기 때문에 그 분 그대로를 알 수 있을 것이라는 말이다. 그 위대한 날, 셰익스피어와 나의 잡종개의 관계처럼 내가 하나님의 충만한 아름다움과 엄위를 완벽하게 이해할 수 있다고 해서 하나님이 더 고귀해지지는 않을 것이다. 그러나 **나**는 확실히 더 고귀해질 것이다!

웨스트민스터 소요리 문답에 의하면 사람의 제일되는 목적은 "하나님을 영화롭게 하고 영원토록 그를 즐거워하는 것이다." 루이스가 관찰한 바와 같이 천국에서 우리는 지금 우리의 예배에서 희미하게 맛볼 수 있는 것을 완전하게 경험할 것이다. **영화롭게 하는 것**과 **즐기는 것**은 하나이며 동일한 것이다. 왜냐하면 "완전하게 즐기는 것이 곧 영화롭게 하는 것이기 때문이다. 하나님을 영화롭게 하라고 명령하심으로써 하나님은 그를 즐기도록 우리를 초청하고 있다."[1]

나는 지금, 천국이 적어도 우리가 지금 경험하는 식의 긴 예배 의식이 될 것이라고 말하는 것이 아니다. 그럴 수도 있고 그렇지 않을 수도 있는데 나는 잘 모르겠다. 나는 천국과 그 기쁨이 바울이 말하는 것과 관련되지 않을까 생각한다. "하나님이 자기를 사랑하는 자들을 위하여 예비하신 모든 것은 눈으로 보지 못하고 귀로도 듣지 못하고 사람의 마음으로도 생각지 못하였다"(고전 2:9). 내 말의 요지는, 우리가 영화롭게 되어 하나님을 완전하게 이해할 수 있을 때 영원한 예배 의식이 그다지 나쁠 것 같지 않다는 것이다. 아름답고 놀라운 분, 진리와 권능이시며 거룩하시고 지혜와 사랑이신 분을 분명하게 막힘 없이 그리고 영원히 간섭받지 않고 바라보는 것보다 더 즐거운 일이 어디 있겠는가? 그보다 더 좋은 것을 생각할 수 있는가?

한때는 하나님을 찬양하라는 성경의 명령을 읽을 때면 칭찬을 받기 위해 호주머니에 두 손을 넣고 주위를 두리번거리는 하나님의 이미지가 떠올랐다. 그러나 그 분은 찬사가 필요 없는 분이다. 단지 **우리가** 찬사를 드려야 할 뿐이다. 1970년대 인기 있었던 시스터 코리타(Sister Corita)의 포스터에는 "하나님의 영광은 충만하게 살아 있는 사람이다"라는 교부 이레니우스의 유명한 경구가 쓰여 있다. 우리는 그 때에 그러한 종류의 것을 대단히 사랑했다. 그러나 거기에는 "그리고 사람의 생명은 하나님에 대한 비전이다"라는 나머지 부분이 빠져 있었다. 우리가 충만히 살아날 때 하나님이 영광을 받으시며 우리가 예배할 때 하나님의 비전으로 살아남으로써 우리 자신이 영화된다.

왕 같은 제사장

일하는 사람을 변화시킴으로써 예배는 우리의 일을 변화시킨다. 우리가 태초부터 하나님이 원하셨던 그 모습을 더욱 닮아갈 때, 우리가 하는 일은 하나님이 창조 때부터 원하셨던 놀랍고 완전한 일로 변모될 것이다. 태초에 하나님은 피조물의 청지기로서 우리가 할 일을 주셨다. 하나님은 우리를 세상 위에 두시되 하나님 아래 두셨다. 우리는 오직 하나님의 종이 될 때 이 땅의 지배자가 될 수 있다. 그러나 죄가 이 세상에 들어왔을 때 우리와 우리의 일은 이 고귀한 지위에서 타락하게 되었다. 동산지기였던 아담과 하와는 해고되어 쫓겨났다. 우리가 하나님의 종이 되기를 거부했을 때 이는 또한 세상의 지배자가 되는 것을 거부한 것이다. 그러나 참되고 살아계신 하나님을 예배할 때 우리는 과거의 그 지위로 회복될 수 있다.

시인 조지 허버트는 사람을 '세상의 대제사장'이라고 일컬었다. 예배 의식에서 제사장은 회중으로 모인 사람을 대표하여 하나님 앞에 서는 사람이다. 제사장은 그들을 대표하여 하나님께 기도를 드린다. 허버트는, 제사장이 회중을 대표하는 것처럼 우리가 세상을 대표한다고 말했는데, 이는 심원한 성경적 진리이다. 우리는 하나님의 임명을 받아 피조물의 대표가 되어, 산이나 바다, 나무나 동물들이 할 수 없는 말과 소리로 찬양을 하도록 부름을 받았다. 하나님을 찬양하지 않는 사람은 '오직 그 분에게만'을 거절하고 전체 피조물을 훔치며 '생(生)의 세계를 범하는 것'이라고 허버트는 말했다.[2]

우리가 예배를 잘 드릴 때에만 일을 잘할 수 있다. 하나님을 예배하는 것은 하나님이 우리를 창조하면서 부여하신 피조물의 그 자리로 복귀하는 것을 뜻한다. 우리의 왕적 지위를 가능케 하는 것은 바로 제사장으로의 부르심이다. 오로지 제사장들로서만 우리는 왕이 될 수 있다! 그것이 바로 그리스도 예수 안에서 우리가 **왕 같은** 제사장이라는 뜻이다(벧전 2:9). 예배자로서 우리는 우리의 일을 천한 고역이 아니라 왕의 기업으로 바라보게 된다. 예배를 드릴 때 하늘의 일은 땅의 일을 어루만지며 성소의 예배 의식은 세상의 예배 의식을 변화시킨다.

3. 실재의 검토

예배(성전의 예배 의식)가 일(세상의 예배 의식)과 관련하여 그토록 중요한 세 번째 이유가 있다. **예배에서 하나님에 대한 비전을 개발하는 것은 실재에 대한 우리의 초점을 예리하게 만든다.**

플라톤의 유명한 동굴 비유는 이 사실을 생각하는 데 큰 도움을 주었다. 동굴에서 태어나 일생 동안 동굴의 뒷벽만을 보도록 기둥에 묶여 지낸 사람이 있다고 가정해 보자. 그 사람은 오른쪽이나 왼쪽은 볼 수 없고 오로지 앞만을 볼 수 있다. 밖에서 들어온 빛이 그의 등뒤로부터 그가 바라보는 동굴 벽면에 비친다. 때때로 사람들이나 동물들이 동굴 입구로 걸어나갈 때 그림자가 벽면에 비친다. 이 그림자와 벽에 비치는 희미한 빛이 그가 아는 실재의 전부이다. 그에게는 그것들이 바로 **실재이다**. 그 사람은 동굴 밖에 존재하는, 색과 삼차원의 세계를 전혀 이해하지 못할 것이다.

하나님을 예배하는 것은 동굴 밖의 세계를 내다보는 것과 같다. 우리의 동굴은 사도 요한이 그의 복음서와 서신들에서 말하는 '세상'이다. 여기서 요한이 말하는 '세상'은 피조물을 의미하는 것이 아니다. 피조물은 하나님이 만드신 선한 세계이다. 요한이 말하는 '세상'은 거짓된 가치관과 인간적인 교만으로 이루어진 세상의 체제로서 하나님께 대하여는 적대적이며,

'거짓의 아비'인 사단의 지배를 받는 곳이다. 요한은 이 동굴을 "육신의 정욕과 안목의 정욕과 이생의 자랑"(요일 2:16)이라고 말한다. 이러한 의미에서 '세상'은 영적인 동굴이다.

'이 세상의 동굴'은 실재가 없으며 허망하다. 그러나 그것은 우리의 마음과 생각에 엄청난 영향력을 행사한다. 신약 성경에 따르면 이 세상이라는 '동굴'은 우리의 신앙과 애정을 놓고 하나님과 경합하는 주요 경쟁자이다. 플라톤의 동굴이 그 안에 사는 사람들을 무지하게 만들듯이 이 동굴은 우리의 영혼을 감싸고 있다. 그리스도가 우리를 구속한다는 것은 우리가 더 이상 어둠 가운데 행하지 않고 세상에 대한 빛을 받는다는 것이다. 그것은 하나님의 눈을 통하여 사물을 있는 그대로 본다는 뜻이다.

하나님을 믿지 않는 사람에게 예배는 어리석은 짓이다. 앉거나 일어서서, 머리를 숙이고 혹은 두 팔을 하늘을 향해 펼치고 눈에 보이지 않는 누군가에게 노래하고 말하면서, 아무도 들을 수 없는 하나님의 말씀을 들으면서 예배하는 사람들이 있다. 예배는 엄청난 현실 도피이며, 코미디언인 릴리 톰린(Lily Tomlin)의 다음과 같은 대사처럼 부조리한 코미디의 한 장면처럼 보인다. "우리가 하나님께 말을 건네는 것은 기도라고 부르면서 어째서 하나님이 우리에게 말하는 것을 정신 분열증이라고 부르는 거지?" 그러나 실상 예배는 의미 있는 행위이다. 예배는 실재에 대한 점검(reality check)이다. 예배로서 하나님께 대한 비전을 개발하는 것은 어둠 속에 살아가는 세상에서 그 찬란한 빛의 일말을 획득하는 것이다. 우리가 세상을 항해해 나갈 때 그와 같은 엿보기는 꼭 필요하다. 하나님이 경배를 받으실 때 실재에 대한 우리의 비전은 예리하게 되며 우리는 넘어지거나 흔들리지 않고 걸으며 일할 수 있다. 하나님을 예배할 때 우리는 되살아나고 새로운 비전을 받아서 진리를 볼 수 있게 되며 진리와 거짓의 차이를 말할 수 있게 된다.

모든 일의 상징적 초점

성전에서의 예배 의식은 "하나님에 대한 우리의 모든 섬김의 상징적 초점"이라고 신학자인 조프리 웨인라이트(Geoffrey Wainwright)는 말한다. 우리는 모든 삶 즉 사랑과 우정, 결혼 생활과 일 가운데서 우리가 하는 모든 것을 예배로 행해야 한다. 그것이 바로 바울이 로마서에서 로마의 그리스도인들에게 그들의 "몸을 거룩한 산 제사로" 드리라고 한 말의 의미이다. 그것이 바로 그들의 "영적 예배"가 된다는 의미이다(롬 12:1-2). 주일 오전 예배를 드리고 교회에서 나오면 예배를 마친 것이 아니다. 우리의 매일 매시간이 모두 하나님께 대한 예배가 되어야 한다.

세상에서 우리의 모든 삶이 다 예배 의식이 되어야 하기 때문에 성전에서의 예배가 그토록 중요한 것이다. 성전에서의 예배 의식과 세상에서의 예배 의식의 관계는 정원을 가꾸는 것이 정원의 생명과 건강에 중요한 것과도 같다. 정원이 되려면 단지 나무들이 자라기만 하면 된다. 그 일에 대부분의 시간이 들어간다. 그러나 때때로 정원을 가꾸는 일이 필요하다. 매일은 아니더라도 상당히 자주 규칙적으로 물도 주고 가지도 치고 비료도 준다. 가꾸지 않아 버려진 정원은 초라해진다. 정원은 가꾸어야 아름답게 된다. 우리의 일도 구체적이고 상징적인 예배의 행위로 규칙적으로, 자주 개발되지 않는다면 예배가 될 수 없다.

웨인라이트에 따르면 예배를 통한 일의 개발은 양방향으로 발생한다. 하나는 성전의 예배 의식이라는 중요한 초점에서 출발하여 세상의 예배 의식—나머지 한 주간 동안 우리가 하는 일로 가는 것이다. 세상에서 우리는 성전에서 보고 들은 진리를 일하면서 실천해야 한다.

다른 하나는 반대 방향에서 오는 것이다. 성전에서 보고 들은 것을 세상에 적용하려고 할 때 부딪히는 싸움과 문제들을 다시 성전으로 가지고 들어온다. 성전에서 그 싸움과 문제들은 분명해지고 더욱 정교하게 정제되며 심지어 변하기도 한다.

'현실 세계'에서의 삶

그리스도인들이 소위 '현실 세계'에 대해 이야기하는 것을 들으면 화가 난다. 예배를 잘 드린 후에 보통 그러한 얘기를 듣게 되는데 나를 칭찬하려는 의도로 어떤 사람은 "참 훌륭한 예배였습니다. 이제 다시 '현실'로 돌아가야 한다는 것이 참으로 괴롭군요!"라고 말한다. 이 말은 예배를 드릴 때는 만족과 치유함을 느꼈으나 현실은 난투가 벌어지고 있는 세상 저 밖에 있음을 전제한다.

그렇지 않다! 우리가 예배에서 보고 느낀 것이 바로 '현실'이다! 우리가 세상으로 다시 돌아갈 때 예배에서 보고 느낀 것을 기억하는 것이 비결이다. 이 실재에 비추어서 우리는 거짓의 세계에 돌아가 진리대로 살아가야 한다.

나도 인정한다. 전형적인 주일에 전형적인 교회에서 드리는 전형적인 예배 의식은 결코 천상적이지 않다. 분명 우리의 예배에서 천국의 측면은 언제나 부분적이며 단편적이다. 그러나 그 예배는 앞으로 이루어질 예배에 동참하는 것이다. 루이스는 시인 존 던에게서 이미지를 빌려서 예배를 '악기를 조율하는 것'으로 묘사한다.

> 오케스트라를 조율하는 일은 그 자체로 기쁜 일인데 이것은 어느 정도 혹은 조금이라도 교향곡을 기대하는 사람들에게만 해당된다.…우리가 행하는 거룩한 의식은 대부분 인간 경험 속에서 발생하는 한, 마치 조율하는 일처럼, 연주가 아닌 약속이다. 그러므로 조율하는 일처럼 예배 의식들은 그 자체가 대부분 의무이며 그로 인한 기쁨은 조금이거나 전무(全無)하다. 그러나 의무는 즐거움을 위해서 존재한다. 우리가 '종교적인' 의무를 수행할 때 우리는 마침내 물을 발견하고서 물 없는 땅에 물이 들어오게 하기 위하여 물길을 파는 사람들과 같다. 내 말은 대부분이 그렇다는 것이다. 이 세상에서도 마른 땅에 시냇물이 졸졸 흐르는 것과

같은 행복한 순간들이 있다. 이러한 일을 자주 경험하는 영혼들은 복이 있을진저.[3]

보고 듣기 위한 조율

예배에서 우리는 하나님을 찬양하기 위해 영혼을 조율한다. 우리는 또한 세상에서 하나님의 말씀을 듣기 위하여 귀를 조율한다.

후줄근한 칠월 어느 날 오후, 두 사람이 뉴욕 시의 타임즈 스퀘어(Times Square: 뉴욕 시 중심부에 있는 광장. 주변에 극장이 많다—편집자 주)에서 군중을 헤치며 가고 있었다. 두 사람은 소음 속에서 상대방의 말을 알아듣기 위해 거의 소리를 지르면서 걷고 있었다. 한 사람은 본토박이 뉴욕 사람이었고 다른 사람은 오클라호마에서 온 미국 원주민(인디언) 출신이었다.

그 인디언이 갑자기 멈춰 서서 친구에게 말했다. "들어봐! 귀뚜라미 우는 소리가 들리지 않니?"

그의 친구는 믿을 수가 없었다. "농담하니?" 그는 웃었다. "이 와중에서 귀뚜라미 소리를 어떻게 들을 수 있니? 네가 잘못 들었을 거야."

그 인디언은 더 이상 우기지 않고 그저 이렇게 말했다. "자, 와서 한번 봐." 그는 무성하게 나뭇잎이 덮인 한 나무로 다가가서 바닥에 깔린 낙엽을 가리켰다. 놀랍게도 거기에는 귀뚜라미 한 마리가 있었다.

"네 귀는 참으로 비상하구나!" 뉴욕 사람은 소리쳤다.

"내 귀가 더 좋아서 그런 게 아니야. 그 비결은 단지 네가 무엇을 듣고 있느냐에 달려 있지. 자, 이걸 봐."

인디언은 자기 호주머니에서 동전 한 줌을 꺼내어 길에 떨어뜨렸다. 그러자 여기저기서 사람들이 가던 길을 멈추고 소리가 나는 곳을 돌아보았다. 심지어 아주 멀리에서조차 말이다!

"내 말 뜻이 무엇인지 알겠지?" 그 인디언이 말했다. "그 차이는 네가 무엇을 듣고 있느냐에 달려 있다니까!"

우리는 세상의 일 가운데 하나님이 임재하신다는 의식을 회복해야 한다. 그러나 우리가 성전에서 하나님이 임재하신다는 의식을 회복하지 못한다면 일에서 하나님의 임재하심에 대한 감각을 회복할 수 없다. 하나님은 성전의 예배 의식에 임재하듯이 세상에서의 예배 의식에 임재하신다. 그러나 우리로 하여금 일의 소음과 혼잡 속에서 하나님의 음성을 듣고 하나님을 볼 수 있도록 우리의 심령을 조율하게 하는 것은 바로 예배에서이다.

그 점에 대하여는 애니 딜라드(Annie Dillard)가 잘 말했다. "보는 (혹은 듣는) 비밀은 엄청난 가치를 지닌 진주이다. 만약 그 비밀인 진주를 발견하여 어떻게 그것을 영원히 지킬 수 있는지를 가르쳐 주는 사람이 있다면, 나는 어떠한 미치광이일지라도 그를 따라서 수백 개의 사막을 맨발로 비틀거리며 따라갈 것이다."4) 그러나 그 여행은 그리 멀지 않다. 겨우 몇 구간 떨어져 있을 뿐이다. 그 장소는 바로 당신이 다른 그리스도인들과 함께 모여서 그 위대한 드라마를 공연하고 있는 곳이다.

토론 문제

1. 예배가 중요한 첫째 이유는 무엇인가?
2. 둘째 및 셋째 이유는 무엇인가?
3. 저자는 "만약 일이 예배라는 구체적이며 상징적인 행위로 규칙적으로, 자주 개발되지 않는다면 예배가 될 수 없다"고 말한다. 이 말에 대하여 토론하라.
4. "예배에서 우리는 하나님을 찬양하기 위해 영혼을 조율한다. 우리는 또한 세상에서 하나님의 말씀을 듣기 위하여 귀를 조율한다"는 저자의 말에 대하여 토론하라.

7
위대한 드라마

거룩하다 거룩하다 거룩하다 주 하나님 곧 전능하신 이여
전에도 계셨고 이제도 계시고 장차 오실 자라

- 요한계시록 4:8

하나님을 예배하면서 우리는 무엇을 하는가?

작년에 나는 1974년도에 있었던 남캘리포니아 대학(USC)과 노틀담(Notre Dame) 대학 간의 축구 경기를 예닐곱 번씩 반복해서 봤는데, 예배를 드리면서 우리는 그와 아주 비슷한 일을 되풀이하는 셈이다.

그 '거룩한 역사'를 잘 모르는 이들을 위해 경기가 어떻게 진행되었는지 간략히 살펴보겠다. 전반전에 노틀담은 27대 14로 남캘리포니아를 앞서고 있었다. 그러나 실제 경기 내용상의 차이는 점수차보다 더 심했다. 노틀담 팀이 필드에서 남캘리포니아 선수들을 밀어붙이는 것을 보면 점수 차는 54대 0 쯤은 되어야 했을 것이다.

열렬한 남캘리포니아 팬인 나는 너무도 실망하여 하마터면 후반전을 보지 않을 뻔했다. 나는 적어도 후반전을 시작하는 것은 보고 그래도 똑같은 추세로 경기가 진행된다면 텔레비전을 끄고 경기를 잊어버리기 위해 다른 일을 찾아보려고 했다.

노틀담이 남캘리포니아에게 공을 차면서 경기가 시작되었다. 안토니 데이비스(Anthony Davis)가 엔드 존(end zone)에 두 야드까지 들어가서 그 공을 받았다. (나는 생각했다. 아니 저런, 출발부터 좋지가 않군.) 데이비스가 경기장 한 가운데로 돌진하기 시작했다. 노틀담의 공격수들이 즉시 데이비스에게 달려들었다(나는 손으로 얼굴을 가린 채 손가락 사이로 그 장면을 보았다). 데이비스는 한 명을 속임수로 제치고 또 한 명은 그냥 지나갔다. 그리고 그의 팀동료는 그에게 달려드는 노틀담 선수를 막아 주었다. 그런 다음 데이비스는 갑자기 방향을 꺾어 측면으로 빠져나가 훤히 트인 필드로 치고 나갔다. 한순간에 데이비스는 엔드 존까지 마치 달리기 경주하듯 막힘없이 달렸다. 노틀담의 수비수들은 데이비스의 몸과 다리를 향해 달려들었으나 머리를 처박고 뒹굴었다. 데이비스가 엔드 존을 향하여 달려 들어가자 나는 껑충껑충 뛰고 소리를 지르면서 친구의 등짝을 마구 두들겨 댔다. 터치 다운으로 일순간에 점수는 노틀담 27, USC 21이 되었다.

이렇게 하여 대단히 흥미진진한 후반전이 전개되었다. USC는 노틀담에 우세한 경기를 펼친 끝에 55대 27로 경기를 역전시켰다. 야호! 이 책을 쓰는 지금까지도 나는 기분이 좋다.

예식적인 드라마

만약 당신이 노틀담의 팬이거나 축구는 가장 시시한 오락거리라고 생각한다면 내가 말하고자 하는 요지를 이해하기 위해서 그 경기 이야기는 잊어버리기 바란다. 하나님을 예배할 때 당신은, 내가 비디오에 녹화된 그 경기를 예닐곱 번씩 볼 때 하는 것과 거의 똑같은 일을 하는 것이다. 경기는 내게 일종의 예식적인 드라마이다.[1]

예식(禮式, ritual)이라는 말은 **일정하게 고정된 형식의 말과 행동과 상징**을 가리킨다. 이 정의에서 '형식'이라는 말이 매우 중요하다. 이는 어떤 예식이 반드시 때마다 똑같은 말과 행위와 상징으로 행해져야 한다는 뜻은 아니다. 단지 같은 **종류**의 말과 행위와 상징으로 이루어지면 된다. 축구 경기의 경우, USC가 노틀담을 이긴 것은 승리만 한다면 지난 번의 그 경기가 아니더라도 예식적 드라마의 역할을 하게 된다.

드라마라고 해서 꼭 눈으로 보는 것만을 의미하지는 않는다. **이야기를 말한다**는 의미에서의 드라마도 가능하다. 그러므로 예식적 드라마는 고정된 형식의 말과 행위와 상징을 사용하여 이야기하는 것을 말한다. 이야기를 풀어나가는 방식은 때마다 달라질 수 있지만, 이야기의 기본 줄거리는 동일해야만 예식적 드라마라는 말이 가능하다. 앞서 말했다시피 USC가 예전에 노틀담을 이긴 것은 어떤 경기라 할지라도 내게 예식적인 드라마가 된다.

예식적인 드라마에 관하여 마지막으로 반드시 알아야 할 사실은 이야기에 목적이 있다는 것이다. 그 목적은 그 이야기를 듣는 개인이나 집단의 **가치관과 확신을 긍정해 주고 확증해 주는 것**이다.

1974년도의 USC와 노틀담의 경기를 얼마나 많이 반복해서 보았는가를 다른 사람에게 이야기할 때마다, 대개 이러한 항의성 질문을 받는다. "당신은 그 경기가 어떻게 끝날지를 알고 있는데, 어째서 자꾸만 다시 보는거요?" 내 대답은 이렇다. "바로 그 이유 때문에 내가 그것을 자꾸 돌려서 또 보고 또 보고 하는 겁니다. 그 경기의 결과를 알고 있기 때문이죠." 그 경기는 이야기의 형식 속에 내가 스포츠에 대하여 가지고 있는 어떤 가치관과 확신을 담고 있기 때문에 나는 그 경기를 자꾸 다시 본다. 이러한 것들이 본질상 하찮은 것들임을 나도 인정한다. 그렇지만, 그것들은 적어도 저급한 수준으로나마 찬양받을 가치가 있다고 생각하여 내가 붙들고 있는 것들이다. 나는 또한 그 이야기를 다시 들을 때 그 속에 담겨 있는 나의 가치관과 확신이 찬양받는 소리를 보고 듣고자 하며 내 자신이 직접 그것들을 찬양하는 기회로 삼는다.

사자와 어린양

　성경에는 예식적 드라마로서의 예배에 대한 예들이 많이 있다. 그 중에서도 가장 생생한 것은 요한계시록 5장에 묘사된 하늘의 예배 장면이다. 무대 배경이 아주 중요하다. 하나님이 하늘의 회중에 둘러싸여 보좌에 앉아 계신다. 하늘의 회중은 이십사 장로와 기묘하면서도 장대한 네 마리의 생물과 수천 수만의 천사들이다. 하나님의 오른손에는 안팎으로 글을 빽빽히 적고 일곱 도장으로 인봉한 책이 있다. 이 책에는 하나님의 작정들—지상에서 하나님이 하실 일에 대한 계획이 담겨 있다.

　물론 하늘에 있는 모든 이들이 그 책이 열리기를 바란다. 그 책이 펼쳐지기만 하면 하나님의 의도와 목적들이 드러나게 될 것이다. 한 천사가 큰 목소리로 모든 이의 심중에 있는 질문을 한다. "누가 책을 펴며 그 인을 떼기에 합당하냐?"(2절) 이 장면을 우리에게 전해 주는 사도 요한은 누가 그 일을 할 것인지 주변을 둘러본다. 그러나 거기에는 그 일을 할 만한 사람이 아무도 없었다. 책이 개봉되지 않는다면, 하나님의 선하며 의로우신 의도와 목적들은 실현될 수 없다! 다급해진 요한은 이렇게 쓰고 있다. "이 책을 펴거나 보거나 하기에 합당한 자가 보이지 않기로 내가 크게 울었더니"(4절).

그 때 이십사 장로 중에서 한 장로가 요한에게 이렇게 말한다. "울지 말라. 보라. 유다 지파의 사자(獅子) 다윗의 뿌리가 이기었으니 이 책과 일곱 인을 떼시리라"(5절). 아하, 그렇고 말고! 그 사자가 이 강력한 일을 수행할 수 있는 바로 그 사람이다. 왕권과 권능과 왕적 위엄의 상징인 사자, **그가** 그 책을 열 수 있다. 성경의 가장 극적인 순간에, 하늘의 모든 자들이 발돋움을 하고 숨을 죽인 채 사자의 입장을 기다리며 서 있다. 그러나 사자 대신에 한 어린양이 등장하는데 "죽임을 당한 것 같았다"(6절). 사자 입장이 선언되었는데, 들어오는 것은 어린양이었다. 권능과 권세와 통치를 가진 이가 누구인가? 그는 희생물이 되어 섬김과 겸손을 몸소 구현하신 그 분이다. 그 어린 양이 바로 사자이다. 어떻게 이보다 더 예수 그리스도의 신비를 잘 묘사한 장면이 있을 수 있겠는가?[2]

하늘에서의 예식적인 드라마

이 때에 이르러 하늘은 예배 의식에 들어가게 되는데 회중이 노래를 부르면서 예식적인 드라마는 전개된다.

> 책을 가지시고 그 인봉을 떼기에 합당하시도다
> 일찍 죽임을 당하사
> 각 족속과 방언과 백성과 나라 가운데서
> 사람들을 피로 사서 하나님께 드리시고
> 저희로 우리 하나님 앞에서
> 나라와 제사장을 삼으셨으니
> 저희가 땅에서 왕 노릇 하리로다(계 5:9-11).

이 예식적 성격에 주의하라. 여기에 노래되는 가사, 즉 고정된 형식의 언어와 행위가 있다. 또한 여기에는 드라마가 있다. 복음 기사가 요약되어 있다. 그리스도인의 이야기에 필수적인 모든 것들이—그 과거와 현재와 미래가 여기에 압축되어 있다. 그리스도는 그가 행하신 일과 행하고 계신 일들, 또한 앞으로 행하실 일들 때문에 책을 취하여 그것을 묶어 놓은 인봉들을 떼고 펼쳐 볼 자격이 있다. 그리스도는 죽임을 당하사 그 피로 우리를 사셨다. 그리하여 지금 우리는 그리스도의 은혜로 하나님을 섬기도록 부름 받은 제사장들의 왕국이 되었으며 언젠가는 땅에서 왕 노릇 할 것이다.

복음을 말해 주는 것이, 하늘에서뿐만 아니라 "땅 위에와 땅 아래와 바다 위에와 또 그 가운데 모든 만물"인 모든 피조물들로부터 찬양이 터져 나오는 계기가 된다(13절). 그들은 이렇게 노래한다.

> 죽임을 당하신 어린양이
> 능력과 부와 지혜와 힘과
> 존귀와 영광과 찬송을 받으시기에 합당하도다!
> 보좌에 앉으신 이와 어린양에게
> 찬송과 존귀와 영광과 능력을 세세토록 돌릴지어다!
> (계 5:12-13)

이 찬송과 뒤이어 나오는 것은 성경적인 예배의 전형이다. 각각의 예배 행위들이 다 여기에 있다. 찬송하는 것, 성경을 읽고 말씀을 선포하는 것, 신앙 고백을 함께 하는 것, 기도와 감사를 드리는 것, 십일조를 드리는 것, 하나님을 찬양하고 성찬을 집행하는 것 등이 다 여기에 있다. 그리고 이 모든 것은, 하나님이 행하셨으며 지금도 행하고 계시며 앞으로 행하실 일들에 대한 이야기를 **전제**하고 여러 모양으로 **선포**하는 것이다. 하나님의 놀라운 구원 행위에 대한 이야기를 구술하면서 하나님께 감사하며 찬양과 경배를 드린다. 간단히 말해서 그 **이야기를 말하는 가운데 하나님이 경배받으신다.**

방금 살펴본 요한계시록의 예배 장면에서 그 위대한 예식적 드라마를 공연하는 사람은 누구이며, 또 그 관객은 누구인가? 잠깐 멈추어서 그 이야기를 다시 읽어 보라. 그런 다음 스스로에게 질문해 보라. 하늘의 예배 의식에서 누가 **공연하는 자**며 누가 **관객**인가? 공연자는 하늘의 회중이며 그 공연의 관객은 하나님이시다.

덴마크의 철학자인 쇠렌 키에르케고르(Søren Kierkegaard)는 아주 간단한 경구를 사용하여 예배에 관한 수많은 건전한 성경 신학을 종합했다. 그것을 풀어서 말하면 다음과 같다. 기독교의 예배에서 **하나님은 곧 관객이며 회중은 공연자가 된다. 그리고 앞에 서서 인도하는 자들**(설교자나 성경 봉독자나 찬양대)**은 격려하는 자들이다.**

역할 전도

이 모든 것은 올바른 기독교 예배의 초점은 하나님이시라는 말이다. 우리 자신이나 우리의 경험이 아니라 하나님이 중심이시다.

그러나 전형적인 주일의 전형적인 교회를 생각해 보자. 사람들이 교회 건물 안으로 걸어 들어가는 것을 보라. 예배하기 위해 안으로 들어가는 동안 그들이 무엇을 기대하는지 생각해 보라. 이 전형적인 교인들은 누가 관객이라고 생각하겠는가? 누가 공연자라고 생각하겠는가?

대답은 간단하다. 그렇지 않은가? 그들은 자신이 관객이라고 생각한다. 그리고 앞에 나와서 예배를 인도하는 설교자와 성가대 등의 사람들이 예배를 공연하는 사람들이라 생각한다. 이러한 구조에서 하나님의 자리는 어디인가? 아무도 모른다. 하나님은 공연을 하기 위해 거기에 계실지도 모르고, 또는 교회당의 건물주로서 뒤에서 예배 공연을 보고 계신지도 모른다. 진상이 어떻든지 회중은 설교자와 성가대의 공연을 즐기기 위한 청중으로서 그 자리에 모여든다.

자신들을 청중으로 삼음으로써 그들은 예배에서 오직 하나님을 위해 마련된 자리를 감히 차지하려고 한다. 성경은 이러한 종류의 역할 전도-역할을 바꾸어 놓는 것을 가리켜 **신성 모독**(blasphemy)이라고 한다. 모든 죄악들 중에서 가장 심한 대역죄이다. 오늘날 기독교 회중 가운데 드러지는 예배의 대부분은 사실상 아주 교묘하고 사악한 형태의 신성 모독이다. 교묘하다는 것은 그것이 예배처럼 보이고 느껴지기 때문이며, 사악하다는 것은 그것이 사실은 예배가 아니기 때문이다.

공연으로서의 듣는 행위

그렇다면 설교는 어떻게 되는 것인가? 내가 조금 전처럼 말을 할 때 가장 자주 제기된 반론이 바로 이것이다. "찬양이나 기도의 경우에 대해서는 당신이 한 말이 무슨 뜻인지 알겠는데, 설교를 듣는 것은 어떻게 되는 겁니까? 그것만큼은 내가 한 사람의 청중으로서 다른 사람이 공연하는 것을 정당하게 듣는 경우가 아니겠습니까?" 엄밀한 의미에서 그 말은 사실이다. 설교를 듣고 있을 때 당신은 청중이다. 그러나 듣는 **방식**은 일종의 공연(performance)이다. 듣는 것은 수동적인 것이 아니다. 컵이 커피를 받아내듯이 단순히 메시지를 받는 것이 아니다. 듣는 것은 그 메시지와 말하는 사람에게 가담하는 것이다. 말을 전혀 하지 않더라도 들음으로써 말하는 사람과 내면적인 대화를 할 수 있다. 이것은 전화기가 울리는 소리부터 어린 아이가 우는 소리에 이르기까지 귀로 듣는 모든 것에 적용된다. 그런데 하물며 설교에서 하나님의 말씀을 듣는 일에서랴!

야고보 사도가 사용한 은유와 이것을 결합하여 말하자면, 하나님의 말씀을 '듣는 것'은 스스로의 모습을 보기 위해 거울을 들여다보는 것과 같다. 본 것을 곧 잊어버리지 않기 위해서는 보는 것에 아주 몰두해야 한다. 키에르케고르는 사람들이 하나님의 말씀의 거울 앞에 와서 그것을 재 보고 그 속성을 연구하기만 할 뿐 그 안을 들여다보지는 않는다고 말했다. 그들은 거울에 관하여 온갖 것을 다 이야기해 줄 수 있지만 그들이 보았어야 할 그 사람에 대하여는 정작 아무 말도 하지 않는다. 참으로 하나님의 말씀을 듣는다는 것은 스스로에게 "그 말씀이 나에 관하여 말하고 있다. 나에게 말하고 있다"고 계속해서 되뇌이는 것이라고 키에르케고르는 말했다.[3]

설교자가 어떤 식으로 설교하는지를 보겠다는 태도로 듣는 것은 설교의 효과를 완전히 죽이는 것이다. 아무리 그 내용과 전달력이 뛰어나다고 할지라도 눈에 들어오는 것은 뛰어남일 뿐이지 하나님이 당신에게 하시고자 하는 말씀은 아니다. 듣는 것은 그 자체가 일종의 공연이다. 하나님은 듣는 태도로 우리를 판단하신다! 설교를 들은 다음 우리가 해야 할 질문은 "**설교자가 어떻게 설교를 공연했는가?**"가 아니라 그 설교를 들으면서 "**내가 어떻게 듣는 것을 공연했는가?**"이다.

하나님은 우리의 구원에 대한 드라마를 쓰셨다. 하나님은 그 드라마를 연출하시고 감독하신다. 주인공은 그의 아들이시다. 그 드라마는 지금까지 들을 수 있었던 모든 이야기들 중에서 가장 위대한 이야기이다. 왜냐하면 그 이야기는 우리를 죽음과 어두움에서 건져내사 생명과 빛 가운데로 옮겨 주신 그 분의 사랑과 엄위를 말해 주기 때문이다. 지금까지도 그 분은 성령으로 우리를 양육하시며 그의 재림에 대한 소망 안에서 우리를 지지해 주신다. 그 분을 예배하는 것은 경배와 경이로 그 분 앞에서 드라마를 공연하는 것이다.

"내가 어떻게 공연했는가?" 이것이 바로 공연자가 해야 할 질문이다. 그리고 그것이 바로 예배자가 해야 할 질문이기도 하다. 그 공연은, 구원의 드라마를 쓴 저자와 드라마의 주인공을 기쁘게 하겠다는 소망에서 이루어져야 한다. "내가 어떻게 공연했는가?"라는 질문은 우리가 세상에 짓밟혀 마음이 메마르고 하나님께 냉담하고 숱한 상처를 입은 채로 예배하러 나왔을 때라 할지라도 우리에게 적용된다. 이러한 상태로 예배에 나올 때 "우리는 여기에 제가 텅 빈 채로 나왔으니 나를 채우소서"라는 식의 태도에 빠지기 쉽다.

공허할 때 하나님이 우리를 채워 주기 원하신다는 것은 사실이다. 그리고 하나님께 그렇게 해달라고 부탁을 드리는 것도 정당한 일이다. 그러나 만약 그것이 우리의 기도의 내용이라면 예배가 끝났을 때 우리는 아마도 실망할 것이다. 거기에 덧붙여 다음과 같은 기도를 드려야 한다. "주님, 이제 제가 주님께 저의 갈한 마음을 채워 주시기를 구했습니다. 이제는 주님의 성령으로 **저를 해방시키사 나 자신을 잊어버리고 주님께 대한 경배와 감사에 몰입하게 해주시옵소서.**"

주님의 치유의 역설은 그 분을 위하여 자신을 잃을 때 우리 자신을 발견하게 된다는 것이다. 우리가 비어 있을 때 우리는 채워진다. 우리가 줄 때에 우리는 받게 된다. 이런 사실이 예배처럼 잘 들어맞는 경우는 없을 것이다. 하나님으로부터 무엇인가를 간절히 받기 위하여 우리는 예배에 나간다. 우리는 예배하며 우리가 드려야 할 것들을, 심지어 가진 것이 없다고 할지라도 주님께 드리면서 그의 백성들과 함께 예식적인 드라마를 공연한다. 또한 "주님이 나를 위해 무엇을 해주실 것인가?"를 묻지 않고 "내가 주님을 위하여 무엇을 할 수 있을까?"를 묻기 시작한다. 내 경험에 비추어 본다면, 하나님은 복을 받겠다는 갈급함을 버리고 예배하려는 사람들에게 엄청난 복을 주신다.

예배에서 자기를 잊어버리는 것

자신을 잊어버리는 것(self-forgetfulness)은 모든 참된 기독교 예배의 목표이다. 루이스는 하나님의 임재 안에 있음을 시험하는 가장 큰 테스트는 스스로를 작고 더러운 대상으로 간주하거나 온통 잊어버리는 것에 있다고 말한다. 덧붙여서 그는 둘 중에서 자기 망각이 더 낫다고 말했다.[4]

나는 전자 다음에 후자가 따라온다고 말하고 싶다. 자신의 죄성을 깊이 인식할 때 자기 인식은 강렬하게 부수어지는데, 이것은 우리의 죄악이 사하여졌음을 알게 됨으로 말미암는 자기 잊음으로 대체될 수 있다. 가장 먼저는 스스로가 얼마나 악한 존재인지를 안다. 그 다음에는 하나님의 선하심을 깨닫게 된다. 그것이 바로 모든 참된 예배의 목표이다. 그 다음에 우리는 웨스트민스터 고백서가 말하는 진리를 발견하게 된다. "사람의 제일되는 목적은 하나님을 영화롭게 하고 영원토록 그를 즐기는 것이다." 그리고 영화롭게 한다는 것과 즐기는 것은 분리될 수 없음을 알게 된다. 예배에서 하나님을 영화롭게 하라는 부르심은 사실은 하나님을 충분히 맛보고 누리라는 초청이나 다름없다.[5]

예배라는 것이 우리가 연기자가 되며 하나님이 관객이 되시는 일종의 예식적인 드라마이기 때문에 "나는 과연 어떻게 연기했는가?"를 물어야 정상이다. 좋은 연기자는 "거기에서 내가 무엇을 얻었는가?"를 묻지 않는다. 대신에 공연에서 자신의 실력이 최대한 발휘되었는지, 관객을 즐겁게 했는지를 알고 싶어한다.

일에서 자기를 잊어버리는 것

자기 망각은 예배의 목표이다. 그리고 그것은 또한 일의 목표이기도 하다. 예배와 일이 어떻게 서로 부합되는지를 기억해 보라. 구약에서는 '아바드'라는 단어가, 신약에서는 '레이투르기아'라는 단어가 문맥에 따라서 예배로도 일로도 번역될 수 있다.

예배와 일 모두 하나님을 섬기는 행위이다. 예배는 성소의 예배 의식이며 일은 세상의 예배 의식이다. 그러나 세상에서의 예배 의식에 틀을 제공하는 것은 바로 성소의 예배 의식이다. 모든 참된 예배의 목표가 되는 바로 그 자기 잊음의 사랑과 경배와 감사가 모든 참된 기독교적인 일의 모범이 되어야 한다.

그러므로 좋은 예배자들과 마찬가지로 좋은 일꾼들은 일하면서 자기를 잊어버리는 사람들이다. 우리가 하는 일에 대하여 두 가지 질문을 해야 한다. 첫 번째 질문인 "하나님이 원하시는 일인가?"에 대한 대답이 긍정적이라면 두 번째 질문은 "이 일을 할 때 자신을 온전히 드릴 수 있는가?"이다.

당신의 일을 통해 하나님을 섬기라

"잘 수행된 선한 일만이 기독교적인 일이라고 할 수 있다"고 도로시 세이어즈는 적절히 말했다. 만약 그 일이 선한 일이라면 그 일을 잘해야 한다는 결론이 나온다. 그 말이 사실이라면 "일하는 자의 최우선적인 의무는 그 일을 잘 섬기는 것이다"라고 그녀는 결론을 내린다. 일단 당신이 하고 있는 일이 하나님이 원하시는 일이라는 사실에 만족한다면, 일에서 **하나님을 섬기는 최선의 방법은 당신이 하는 일을 전적으로 섬기는 것이다**.[6]

세이어즈는 예수님이 성인 시절의 대부분을 목수로 지냈다는 사실을 반추하면서 이렇게 썼다. "내가 감히 맹세컨대 나사렛 동네의 목공소에서는 기울어진 탁자나 잘 맞지 않는 서랍이 한 번도 나온 적이 없었다. 만약 그런 일이 있었다면 그것들이 하늘과 땅을 창조하신 손으로 만들어진 것임을 어느 누구도 믿지 않았을 것이다."[7]

예수님은 목수일을 그만 둔 다음에야 복음을 전파하고 병든 자들을 고쳐 주심으로써 하나님을 섬길 수 있었던 것이 아니다. 예수님은 복음을 전파하는 일, 환자들을 치료하는 일뿐만 아니라 목수일을 통해서도 하나님을 섬겼다. 예수님의 생애에 목수일을 했던 세속의 시간 다음에 거룩한 시기가 있었던 것이 아니다. 예수님이 행한 모든 것은 거룩했다. 그는 모든 생활을 통해 하나님을 섬겼다. 예수님의 예배와 예수님의 일, 예수님의 복음 전파와 예수님의 목수일, 이 모든 것이 하나님께 대한 섬김이었다.

예배와 일의 통일성은 예배와 마찬가지로 일에서도 자기 잊음의 섬김이 요구된다는 사실을 가르쳐 준다. 이와 같이 일할 때 그 일은 실제로 우리의 예배에 다시금 반영될 수 있으며 예배를 훨씬 더 잘 드리게 된다.

당신의 일로 하나님을 섬기라!

시몬느 베이유(Simone Weil)는 "하나님의 사랑에 비추어 본 학교 공부의 올바른 사용에 대한 고찰"이라는 희한한 제목의 글을 썼다. 베이유는 기도란, 방해받지 않고 산만하지 않으면서 온전히 하나님께 집중하는 것이라고 말한다. 그리고 나서 그녀는 학교 공부도 똑같은 식으로 이루어져야 한다고 말했다. 우리가 공부할 때도 방해받지 않고 산만하지 않으면서 온전히 공부에 집중해야 한다는 것이다. 왜 그런가? 집중력이 증가하면 그것이 다시 기도에 보탬이 되어 기도를 더 잘할 수 있게 만들기 때문이다.[8]

베이유의 말에 내가 덧붙일 수 있는 한 가지는 수업 시간이나 직장에서의 일에 집중하는 것 그 자체가 하나님께 대한 일종의 집중이라는 것이다. 이 말은 일이 곧 하나님이라는 말이 아니다. 만약 그 일이 가치 있는 일이라면 사도 바울이 말한 것처럼 해야 한다는 뜻이다. "무슨 일을 하든지 마음을 다하여 주께 하듯 하고 사람에게 하듯 하지 말라"(골 3:23).

유대인 철학자 마틴 부버(Martin Buber)는, 회중 가운데 좀더 경건한 어떤 사람으로부터 불평을 들은 하시딤 랍비에 대한 이야기를 했다. 화가 잔뜩 난 그 사람은 어떤 유대인들이 밤새도록 카드 놀이를 하고 있다고 랍비에게 보고하였다. 그러나 그는 랍비가 웃으면서 하는 말을 듣고는 아주 당혹해하였다. "그것 참 잘됐군요. 그 사람들 아주 대단한 집중력과 장시간 동안 깨어 있는 기술을 배우게 되었군요. 그들이 마침내 하나님께 돌아왔을 때 얼마나 훌륭한 종들이 될 것인지를 생각해 보십시오." 예배는 일에 힘을 공급해 주며 이렇게 힘을 공급받은 일은 다시 예배에 힘을 공급한다.[9]

그리스도인에게는 모든 삶이 거룩하다. 크건 작건, 중요하건 시시하건 간에 우리는 모든 일을 하나님께 대한 섬김으로서 해야 한다. 이 장을 시작하면서 내가 쓴 비유를 들자면, 우리는 생활의 모든 영역—성소에서나 세상에서나—에서 하나님의 사랑과 구원이라는 위대한 드라마를 연기하는 연기자들이다. 좋은 연기자는 초점을 한 군데에 맞춘다. 그는 우선 자신의 작품에 초점을 맞춘다. 자기 자신에 대한 것은 오로지 이차적이고 부차적일 뿐이다. 그것이 바이올린이든지, 목소리든지, 연기든지—베토벤, 차이코프스키, 셰익스피어와 같은—위대한 예술가는 먼저 한 사람의 종이었다. 그는 누군가 혹은 무엇인가 더 큰 위대함을 추구할 때에 위대해진다. 그럴 때 위대함은 뜻밖의 부산물로 주어진다. 예배에서나 일에서나 우리가 하는 모든 일에 그것은 항상 우리 주님이 약속하신 대로 주어진다. 처음된 자가 나중되고 나중된 자가 먼저된다.

일에 대한 이러한 생각은 일의 의미에 대하여 오늘날 우리가 말하는 것과 상충되는 것이 사실이다. 예를 들어서 우리는 일의 목적이 경쟁에서 이기는 것이며, 가능한 한 많은 돈을 버는 것이라는 말을 듣는다. 혹은 직업은 자기 표현의 수단으로 선택해야 하는 것이라는 얘기도 듣는다. 이러한 생각은 성경과는 동떨어진 생각이다. 이는 그 생각이 일의 중심에 그리스도와 그의 나라가 아닌 우리 자신과 우리의 야망을 두고 있기 때문이다. 나는 자기가 받는 급료 이상으로는 고용주에 대하여 전혀 충성심을 가지지 않는 수많은 남녀들(이들 중 대다수가 그리스도인이다)에 아연실색하지 않을 수 없다. 주목하라! 만약 우리의 고용주들이 급료를 지급하면서 하라고 하는 일이 선한 일이라면 그들에게는 우리가 그 일을 할 때에 우리의 온전한 성실함을 요구할 자격이 있다. 그들은 우리의 최소한이 아닌 최대한을 받을 자격이 있다. 일은 일종의 예배이다. 그 일을 통하여 우리는 일이 아니라 바로 하나님을 섬긴다.

베토벤이 전부요!

아르투로 토스카니니(Arturo Toscanini)가 지휘하는 오케스트라가 지금 막 베토벤의 교향곡 제5번 연주를 훌륭하게 마쳤다. 잠시 동안 쥐죽은 듯이 고요한 정적이 흐른 뒤 청중은 일제히 일어나 박수 갈채를 보냈다. 그러나 두 팔을 강하게 내저으며 갈채 소리를 중단시킨 토스카니니는 오케스트라를 향해 돌아서서 소리질렀다. "여러분들은 아무것도 아니오!" 그리고 그는 자기 자신을 가리키면서 외쳤다. "나도 아무것도 아니오!" 그런 다음에 이렇게 외쳤다. "베토벤이 전부요!"

우리와 하나님의 관계가 바로 그렇다. 우리는 아무것도 아니다. 하나님이 전부이시다! 우리의 예배와 일에서 이것을 깨닫는 것이 지혜의 시작이다. 만약 우리가 이것을 실제로 믿고 그에 따라 예배를 드리고 일을 한다면 뜻밖의 선물이 우리를 기다리고 있을 것이다. 우리는 토스카니니와 같이 우리가 훌륭하게 연주했으며 위대해졌음을 알게 될 것이다.

토론 문제

1. 저자는 '예식적인 드라마'를 어떻게 정의하는가?
2. 천국에서의 예식적 드라마에서 누가 공연자이며 누가 관객인가?
3. 우리 자신보다는 하나님을 예배의 중심에 놓고 볼 때 예배에 어떤 일이 일어나는가?
4. 예배에서의 설교의 역할에 대한 저자의 기술에 대한 당신의 반응은 무엇인가?
5. "잘 수행된 선한 일만이 기독교적인 일이다"라는 도로시 세이어즈의 말에 대하여 토론해 보자.
6. 일의 목적에 대하여 당신은 어떻게 느끼는가?

8
이야기 속의 이야기

안경 유리를 보고 있는 사람은
유리알에 시선이 머물겠지만
그 유리알을 통해서 다른 무엇인가를 보기 원한다면
그 때 하늘이 보인다네

- 조지 허버트, '연금석' 중에서

우리 주변에는 우리가 알 수 있는 것보다 훨씬 많은 일들이 진행되고 있다.

나는 그리스도인이 되었을 때를 생생하게 기억한다. 당시 겨우 아홉 살이던 나는 푸르고 흰 꽃무늬 이불이 덮인 침대 곁에 무릎을 꿇었다. 내 곁에 있는 여동생도 같은 결심을 하고 있었다. 침대 반대편에는 우리의 굿뉴스 클럽(Good News Club) 리더였던 달톤(Dalton) 선생님이 있었다. 그녀는 그리스도의 사랑과 욥의 인내와 발람의 노새가 가졌던 단호한 결단력을 지닌, 자그마한 백발의 아줌마였다. 거의 일 년 동안이나 그녀는 끈질기게 나를 자기 집으로 초청하여 복음을 들려주었고, 마침내 나는 그 복음에 믿음으로 반응하게 되었다.

그 날 그 방에서 나는 세 사람밖에 보지 못했지만, 그 곳에는 훨씬 많은 이들이 있었다. 예수님은 죄인 하나가 회개하면 하늘에서 천사들이 기뻐한다고 말씀하셨다. 비록 내가 그 천사들을 볼 수는 없었지만 지력이 뛰어나고 아름다운 그 피조물들은 나를 굽어보며 기쁨으로 맞이하는 소리를 외쳤을 것이다.

내가 알 수 있었던 것보다 훨씬 더 많은 일들이 그 곳에서 일어나고 있었다.

보통 때도 마찬가지다. 삶의 순간마다 우리가 알 수 있는 것 이상의 일들이 벌어지고 있다. 무(無)가 무엇인가를 의미할 수 있다고 세속주의가 말한다면, 기독교는 모든 것이 모든 것을 의미한다고 말한다. 바울은 이 땅에서의 우리의 싸움이 혈과 육에 대한 것이 아니라 천상의 영역에 속한 정사와 권세와 세상 주관자들에 대한 것이라고 말한다. 우주에는 중립 지대가 없다. 모든 영역에서 하나님과 사단 사이에 싸움이 벌어지고 있다. 눈에 보이는 것은 눈에 보이지 않는 훨씬 큰 실재(實在)의 일부분일 뿐이다.

언제나 우리가 알고 있는 것보다 훨씬 많은 일들이 일어나고 있는데 그 점은 예배에서도 마찬가지다. 모든 예배는, 천국에서 끊이지 않고 일어나는 영원하고 찬란하고 광대한 예배의 아주 작은 일부에 지나지 않는다. 예배 드릴 때마다 우리는 수천 수만의 천사들과 함께 하나님을 숭배한다. 우리가 부르는 모든 찬송과 우리가 드리는 모든 기도는 상상할 수 없을 만큼 더 사랑스럽고 더 크며 더 풍부한 것의 일부에 지나지 않는다. 이러한 점은 개인적인 예배에서도 마찬가지다. '골방'이나, 직장으로 가는 차 속에서 속삭임처럼 드리는 기도는 하늘의 광대한 합창 소리에 섞여 들어간다. 가끔 혼자서 예배를 드릴 때 나는 하늘의 합창대가 하나님 앞에서의 내 독창을 '뒷받침' 해 주고 있다고 상상하곤 한다. 형편없는 신학일지는 모르겠지만, 기도를 위한 상상으로는 그만이다.

우리는 요한계시록에서 바로 이러한 광대하고 천상적인 실재를 들여다보게 된다. 그 곳에서의 예배는 하나의 드라마와 이야기로서 드려진다는 특징이 있다. 하나님은 자신이 하셨고, 하시고 계시며, 행하실 일 때문에 찬양과 감사를 받으신다. 그 예배는 어떤 사건을 전제하며 축하하고 있는데, 사건은 이미 발생했으며 발생하고 있으며 앞으로 발생하게 될 것으로부터 출현한다.

우리의 믿음이 복음에 대한 것임은 확실하다. 복음은 좋은 소식을 의미한다. 여기서 소식은 사건에 관한 것으로서 어떤 이야기를 들려준다. 우리를 구원하는 것은 사상 체계가 아니라 메시아이며, 하나님의 아들이신 나사렛 예수의 삶과 죽음과 부활과 약속된 재림에 집중된 일련의 역사상의 사건들이다.

이제 요한계시록 5:9-10에서 이 복된 소식이 어떻게 경축되고 있는지 살펴보자. 이것은 우리가 7장에서 살펴본 부분이다.

> 책을 가지시고 그 인봉을 떼기에 합당하시도다
> 일찍 죽임을 당하사
> 각 족속과 방언과 백성과 나라 가운데서

사람들을 피로 사서 하나님께 드리시고
저희로 우리 하나님 앞에서
나라와 제사장을 삼으셨으니
저희가 땅에서 왕 노릇 하리로다(계 5:9-11).

구원에 관한 모든 이야기가 이 찬송의 가사에 담겨 있다. 하나님은 **과거에** 하신 일에 대하여 칭송을 받으신다. "죽임을 당하사 사람들을 하나님께 드리시고." 그리고 그는 **지금** 하고 있는 일로 인하여 경배를 받으신다. "저희로 우리 하나님 앞에서 나라와 제사장을 삼으셨으니." 또한 그는 **앞으로** 하실 일로 인해서 찬양을 받으신다. "저희가 땅에서 왕 노릇 하리로다."

진리를 '연기(演技)하기'

기독교의 예배는 위대한 이야기, 우주적인 드라마를 축하하며 공연하는 것이다. 고전극이나 엘리자베스 시대의 드라마에서 무대는 실재에 대한 거울로, 현실을 둘러싼 더 큰 실재에 대한 반영으로 간주되었다. 무대 위의 공연은 '현실 세계'의 진리로부터 도피하는 것이 아니라 오히려 관객들의 삶을 조명해 주기 위하여 잠시 동안 진리에 초점이 맞추어지는 장소로 여겨졌다.

엘리자베스 시대처럼, 주일 아침마다 우리가 공연하고 기억하는 그 이야기는 하나님이 역사 속에서 펼쳐내시는 위대한 드라마의 초월적 실재를 반영한다. 예배하는 동안 우리는 세상에서 그 진리대로 살기 위하여 잠시 동안 '그 진리를 연기하는 것'이다.

진리를 연기하다니? 이 이야기가 좀 경솔하게 들리는가? 좀더 자세히 이야기해 보자.

1985년 여름 나는 자녀들과 함께 월트 디즈니 사의 만화 영화인 '검은 솥단지'(*The Black Cauldron*)를 보러 갔다. 그 만화 영화는 프리데인 왕국

(the Kingdom of Prydain)에 대한 로이드 알렉산더(Lloyd Alexander)의 훌륭한 시리즈를 조잡하게 각색한 것이었다. 그러나 만화 영화 자체는 기가 막히게 잘 만들어져서 아이들은 그 이야기에 완전히 매료되었다. 그 후 몇 주 동안 아이들은 매일같이 즉석으로 만든 복장과 막대기 칼로 장식하고 '검은 솥단지'를 연기했다. 아이들이 극장에서 본 그 드라마가 너무도 생생하고 감동적이며 초월적이어서 그들은 그 드라마를 '연기하고자' 했던 것이다.

많은 사람들이 지적하다시피—그들 중 몇 사람은 신학자이다!—아이들의 연기 놀이는 시시한 것이 아니다. 놀이는 대단히 심각하게 진행된다. 아이들이 연기를 하면서 벌이는 열띤 논쟁을 한 번이라도 들어 본 부모라면 이 점을 증언할 수 있을 것이다. 그 논쟁은 진행에 대한 약속의 문제와 어떤 내용을 누가 어느 역할을 맡아 연기하느냐 등 주로 '놀이의 법칙'과 관련된 것들이다. '정당하게' 연기하는 것과 각 사람이 자기가 원하는 역을 맡는 것이 아이들에게는 대단히 중요하다.

연기를 할 때, 아이들은 배우인 동시에 예배자들이다. 아이들의 상상력을 사로잡고 있는 드라마의 역할들을 연기하는 것이 바로 그들의 놀이다. 이것은 아이들이 그 놀이나 환상이 담고 있는 '진리'에 대해 경의(敬意)를 표하는 작은 예배 의식이기도 하다.

우리는 예배를 드릴 때 바로 그러한 감각으로 '연기'를 한다. 우리는 계속해서 그 이야기를 한다. 또한 주요 등장 인물의 역할을 맡아서 연기함으로써 우리의 경의를 표시한다. 복음의 하나님을 경배하는 것이다.

랍비인 아브라함 헤셸이 한번은 회중으로부터 불만을 사게 되었다. 회당의 일부 회원들이 예전(禮典—예배 의식)이 자신들의 느낌을 표현해 주지 못한다고 헤셸에게 말한 것이다. 그 말을 들은 헤셸이 기꺼이 예배 형식을 바꾸었을까? 헤셸은 그들의 느낌을 표현하기 위해 예배 의식이 있는 것이 아니며, 오히려 예배 의식이 표현하는 것을 느낄 수 있도록 그들이 배워야 한다고 지혜롭게 말해 주었다. 유대인들로서 그들은 예식이라는 드라마가 자신들의 상상력을 사로잡고 가슴 깊은 곳에서 동화될 때까지 그 드라마를 배우고 말하고 반복해서 '연기' 해야 했다. 그렇게 할 때만이 그들은 각자의 드라마에 적절하게 살아갈 수 있게 된다.[1]

한 이야기 속의 여러 이야기들

그리스도인들은 매주일 예배를 통해 구원의 드라마 연기하는 법을 더욱 많이 배워 나가야 한다. 그렇게 함으로써 빛 가운데서 우리의 삶, 곧 각자의 드라마를 살아가는 법을 배운다. 모든 이야기에는 끝이 있다. 우리 각자의 이야기도 마찬가지다. 끝까지 남는 유일한 이야기는 전에도 계셨고 이제도 계시고 앞으로 오실 그 분에 대한 이야기다. 영원한 드라마 곧 하늘에서 영원히 존재할 이야기는 죽임을 당하신 분—그의 피로 모든 지파와 언어와 나라에서 하나님을 위하여 사람들을 사시고, 하나님을 섬기도록 그들을 나라와 제사장으로 삼으신 분에 대한 것이다. 우리의 이야기는 그 영원한 이야기에 대한 반영으로서 **그 이야기** 안에서만 의미를 발견한다. 우리의 이야기는 한 이야기 속에 있는 여러 이야기들로서 그 한 이야기 속에 들어갈 때만 살아 남게 된다.

예배를 드리면서 그 이야기를 연기할 때 우리는 자신의 삶, 즉 우리의 이야기가 하나님의 위대한 구원의 이야기와 그 소망 안에서 사는 것임을 깨닫게 된다. 그러나 거기에는 깨달음 이상의 것이 있다. 우리가 그 이야기를 연기할 때 그 실재가 우리의 이야기와 삶 속으로 밀려 들어와서 그것들을 변혁시켜 준다.

이야기의 힘에 관한 하시딤 유대인들의 이야기는 매우 유쾌하다. 위대한 랍비인 이스라엘 바알 쉠 토브(Israel Baal Shem Tov)는 그의 민족이 큰 위험에 처할 때마다 묵상을 하기 위하여 숲 속의 어느 특정한 장소에 가곤 했다. 거기에서 그는 불을 지피고 특별한 기도를 드렸는데 그럴 때마다 기적이 일어나 그의 백성은 구원을 받았다.

한 세대 후에 바알 쉠 토브의 제자인 마기드 메트리치(Magid Mezritch)가 사람들이 위기에 처했을 때 그의 스승을 흉내냈다. 그런데 그는 불을 어떻게 지피는지를 몰랐다. 그래서 그는 숲 속의 바로 그 지점에 가서 스승이 가르쳐 준 기도를 드렸다. 그러자 하나님은 그의 백성을 위해서 기적을 행하셨다.

그 다음 세대에 랍비 모쉐-라이브 사소브(Moshe-Leib of Sasov)의 사람들이 위기에 빠졌다. 이 랍비는 어떻게 불을 지피는지도 몰랐으며 기도문도 잊어버렸다. 그가 기억해 낼 수 있는 것이라고는 숲에 있는 그 장소뿐이었다. 그래서 그는 그냥 그 장소에 갔다. 그러자 그의 바람대로 하나님은 그의 백성을 위험에서 건져 주셨다.

그 다음 세대의 랍비인 이스라엘 리쯔힌(Israel of Rizhyn)은 어떻게 불을 지피는지도, 그 기도문이 어떤 것인지도, 숲 속의 그 장소가 어디인지도 몰랐다. 그러나 사람들이 큰 위기에 처했을 때 그는 안락 의자에 앉아서 조상들에게 일어났던 일들을 이야기해 주었다. 그의 백성을 구하는 데는 그것으로 충분했다.[2]

그 이야기를 해주는 것, 하나님의 강력한 구원 행위에 대한 드라마를 연출하는 것만으로 충분하다. 이야기가 믿음으로 축하될 때 그것은 우리에게 빛과 치유와 격려를 가져다 주는, 하나님이 선택하신 길이 된다. 복음의 이야기를 믿을 때 우리가 신비로운 방법으로 그리스도 '안에' 존재하게 된다고 성경은 말한다. 그의 죽음이 죄에 대한 우리의 죽음이 되고, 그의 부활이 새 생명으로의 우리의 부활이 되며, 그의 재림의 약속이 우리의 소망이 된다. 간단히 말해서 그의 이야기가 바로 우리의 이야기가 되는 것이다.

우리의 일과 그 이야기

이 모든 것이 우리가 하는 일과 무슨 상관이 있단 말인가? 성전에서의 예배 의식이 세상에서의 예배 의식에 대하여 무엇을 말해 준다는 말인가? 주일 예배에서 '연기' 하는 그 이야기가 월요일부터 금요일까지 일 속에서 살아가는 우리의 이야기들을 변화시킬 수 있다는 말인가?

변화시킬 수 있다! 한 가지만 예를 들면 우리가 예배에서 선포하고 축하하는 그 위대한 이야기는 의미 있는 일을 위한 틀 혹은 넓은 배경을 제공한다. 예배에서 우리는 우리 각자의 이야기가 하나님이 쓰시고 감독이 되어 만드신 좀더 큰 이야기의 일부임을 깨닫고 되새기게 된다. 그리고 그 큰 이야기의 주인공은 예수 그리스도이다.

긴장을 풀고 연기하라!

그러므로 우리는 일할 때 실제로 긴장을 풀 수 있다. 우리는 하나님의 위대한 이야기에서 역할을 맡아 연기해야 하지만 그것은 단지 일부일 뿐이다. 우리는 최종 결과에 조금이라도 영향을 끼칠 일은 아무것도 할 수 없다. 그 이야기의 엄청난 규모에 비하면 우리가 할 수 있는 것은 안쓰러울 정도로 작은 것이며 그 자체로는 별 의미가 없다. 우리의 일과 삶, 이야기들은 하나님이 어루만지셔서 그 분의 위대한 이야기에 병합되어 들어갈 때에만 의미를 갖는다.

그렇다고 너무 실망할 필요는 없다. 오히려 이러한 사실이 우리를 안심시키며 고무한다. 우리의 연약한 어깨 위에 모든 것이 다 지워져 있지 않다는 사실이 얼마나 큰 안도감을 주는가! 우리의 몫은 사실상 매우 적다. 책임자는 하나님이시지 우리가 아니다. 마틴 루터는 자신의 노력 없이도 하나님 나라가 계속 확장된다는 사실을 알고, 잠시 일을 멈추고 편안히 앉아 비텐베르그의 맥주 한 컵을 즐기면서 쉴 수 있다는 사실에 안도감을 느끼곤 했다!

시인 조지 허버트는 때때로 하루 동안 자신이 한 일이 너무나 적음을 괴로워하면서 잠자리에 들었다. 하루를 돌아볼 때 그가 한 모든 일은 '거품과 물방울과 바람처럼 시시한 것'에 지나지 않았다. 당신도 그렇게 느껴 본 적이 있는가? 그러나 그는 하나님이 자신에게 이렇게 말씀하신 사실을 마음에 새기면서 두 눈을 감고 쉴 수 있었다.

그것으로 족하도다.
그러므로 편히 잠들라. 그대의 일은 다 이루어졌노라.[3]

우리가 무슨 일을 하든지 자비로우신 하나님은 우리가 시도만 하고 종종 실패하는 선한 일을 성취해 놓으신다. 매순간 하나님의 주권적인 사랑과 돌보심이 함께하시므로 우리는 쉴 수 있다. 그래서 허버트는 이렇게 노래한다.

나의 하나님, 당신은 사랑입니다.
당신의 가슴은 초라한 한 순간도 그냥 지나치지 않으시고,
위로부터 은혜를 내려주시니
잠자리보다는 당신의 사랑 안에서
내가 쉬옵나이다.[4]

그러나 이것은 우리가 해야 할 선한 일을 하나님이 우리를 위해 대신 해주시고, 우리가 저지르지 말았어야 할 악한 일을 우리를 위해 없애 주신다는 뜻이 아니다. 어느 늙은 설교자는, 다음 주일에 무슨 내용을 설교하기 원하시는지를 하나님께 물었다는 목사에 대한 이야기를 했다. 하나님은 그에게 대답하지 않으셨다. 그래서 그는 다시 화요일에 "주님, 주님은 오는 주일에 제가 어떤 설교를 하기 원하십니까?"라고 물었다. 그러나 여전히 대답이 없었다. 수요일, 목요일, 금요일, 토요일에도 그는 똑같은 질문을 드렸다. 그 때마다 전혀 대답이 없었다. 주일 아침 일찍부터 일어난 그는, 겁에

질린 채 무슨 말을 해야 할지 자기에게 가르쳐 주시기를 간절히 하나님께 구하였다. 드디어 하나님이 대답을 주셨다. 그 분은 조용하고 작은 목소리로 이렇게 말씀하셨다. "네가 준비가 안 되었다고 성도들에게 말해라."

마감일까지 세금 보고서를 작성하지 못한 사람은 하나님이 신비스러운 방법으로 자신을 위해 작성된 세금 보고서를 주어 발송하게 하시리라는 확신 속에 베개에 편히 머리를 묻고 그 분이 "그러므로 편히 잠들라. 그대의 일은 다 이루어졌노라"고 속삭이시는 소리를 결코 들을 수 없을 것이다.

이 말은 하나님이 우리가 행하는 부분적이며 파편적인 모든 것들을 취하사 부활 때에 온전하고 완전하게 그것을 부활시킬 것이라는 의미이다. 궁극적으로 매일의 일은 또 하나의 오병이어의 기적이라고 보아야 한다. 적은 것으로 많은 것을 만드시는 기적이다. 사도 바울에 따르면, 부활의 측면에서 본 삶과 일은 예상되는 죽음과 약함과 때때로의 불명예 가운데서도 씨를 심는 것이다. 그러나 부활의 때가 오면 추수가 있을 것이다. 썩을 것이 썩지 않을 것으로 부활하며 욕된 것으로 심긴 것이 영광스러운 것으로 부활하며 약한 것으로 심긴 것이 강한 것으로 거두어질 것이다(고전 15:42-44). 이 약속의 의미는 지금 이 땅에서 대단히 실제적이다. 그것은 하나님이 그렇게 되기를 원하셨기 때문에 우리가 일을 중요시한다는 뜻이다. 바울은 이렇게 결론을 내린다.

> 그러므로 내 사랑하는 형제들아 견고하며 흔들리지 말며 항상 주의 일에 더욱 힘쓰는 자들이 되라. 이는 너희 수고가 주 안에서 헛되지 않은 줄을 앎이니라(고전 15:58).

일에는 유희성이 있어야 한다. 그것은 오늘날의 놀이처럼 도피적인 바보스러움이 아니라 자녀들이 하늘의 아버지를 닮는 진지하고 열정적인 재미이다. 하나님은 우리에게 일이라는 선물을 주셨다. 우리는 매일 우리에게 맡겨진 일을 하러 가서 하나님을 흉내내는 놀이를 한다고 말할 수 있다. 그러나 실제로 하나님이 **되려고** 해서는 안 된다.

스타 워즈 놀이를 하는 아이들처럼 우리는 놀이를 중단하고 안으로 들어가서 샌드위치와 스프를 먹을 수 있다. 또 아빠가 우리를 잘 돌보아 줄 것을 믿고 밤에 잠자리에 들 수 있다. 우주의 장래와 반역 동맹군들의 장래는 사실 우리 책임이 아니다. 하나님이 우리의 일에 아주 중요한 의미를 가지고 투자하고 계시는 것이 사실이지만, 최종적으로 본다면 우리가 무엇을 했느냐가 아니라 하나님이 우리의 일을 통해 무엇을 하시느냐가 중요하다. 예배의 거룩한 유희성은 우리의 일을 더욱 재미있게 만드려는 의도를 가진다.

단조로움에서 구해 내기

우리가 예배에서 축하하는 위대한 이야기, 우리의 일에 틀을 잡아 주는 그 위대한 이야기는 무의미로 빠져 버린 단조로움에서 우리를 구해 낸다. 뚫릴 기미가 보이지 않는 꽉 막힌 도로에 무료하게 앉아 기다리는 것이나 거대한 톱니바퀴의 작은 톱니처럼 일하는 것이나 실직자들이 취업을 위해 줄서서 기다리는 것은 아무 의미가 없어 보일 수 있다. 그러나 그 위대한 이야기는 이 엉망진창의 현실이 이야기의 극작가이며 연출가이며 감독인 그 분과 주인공에게는 완벽한 의미가 있음을 말해 준다. 비록 우리는, 우리가 직면한 일들이 그 이야기의 줄거리에 어떻게 맞아떨어질지 모르지만, 그 분은 아신다. 하나님이 모든 일을 훌륭히 해내실 것이며 그의 위대한 계획에 모든 것을 잘 맞추어 가실 것임을 알기 때문에 우리는 시시하게 보이는 것들을 잘 참고 해낼 수 있다.

단조로움 속에서도 하나님을 만날 수 있도록 우리 마음을 열어 주는 것은 바로 신뢰감이다. 벨든 레인(Belden C. Lane) 교수는 '백표범 추적기: 일에 대한 일고(一考)'에서 이 점을 명쾌하게 지적한다.[5] 「백표범」(*The*

Snow Leopard)은 작가인 피터 매티슨(Peter Mathiessen)이 생물학자인 조지 샬러(George Schaller)와 함께 히말라야 산맥을 횡단한 후 1973년에 쓴 책이다. 원정(遠征)의 '공식적인' 목적은 푸른 양의 형태를 연구하는 것이었으나 실제 목적은 희귀 동물이라 포착하기 어려운 백표범을 보기 위한 것이었다.

매티슨에게 아름답고 거대한 표범은 일상 생활의 배후에 보일 듯 말 듯 숨겨져 있는 신비이며 궁극적인 실재였다. 그 표범은, 표범을 목적으로 찾아나선 사람들에게는 거의 발견되지 않는다. 너무나 잘 숨어 있어서 관찰하고자 하는 자들이 불과 몇 발자국 거리에서도 그 표범을 알아보지 못할 정도다. 대신에 바랄 즉 푸른 영양을 연구하는 사람들은 그 표범을 수없이 보았다. 표범이 이 동물을 주식으로 삼기 때문이다. 그들은 주도면밀한 노력으로 곁눈질을 통해서만 간접적으로 그 표범을 볼 수 있었다.

궁극적인 실재는 우리의 일상적인 일과는 동떨어져 있다. 그러나 그 실재는 우리가 일상적인 일을 하는 과정에서 볼 수 있다. 지루하고 괴로운 일 가운데서 하나님을 볼 수 있으며 만날 수 있다. 그 까닭은 우리를 매일 일하도록 부르신 그 분이 바로 우리의 일을 자신의 일 안으로 매일같이 맞추어가는 분이기 때문이다. 일상적인 일로부터 도피해서는 아무 의미도 발견할 수 없다. 우리가 하나님은 조용하고 흔들림 없이 역사 속에서 자신의 목적을 전개해 나가시는 분이라는 확신을 가지고 예수 그리스도의 이름으로 일상의 일을 열심히 해 나갈 때, 의미는 발견된다.

너의 자리를 발견하라

우리가 예배에서 공연하고 축하하는 위대한 드라마는 일상에서의 일에 의미와 신비를 제공해 준다. 그리고 그 드라마는 우리로 하여금 우리의 일에서 자리를 잡도록 만들어 준다. 인간 개개인의 이야기는 그 큰 이야기의 일부가 될 때에야 비로소 의미를 갖는다. 우리 각 사람은 구원의 드라마에서 해야 할 역할이 있다. 그 역할을 연기하지 않는 사람은 삶의 이유를 상실하게 된다. 행복의 열쇠는 우리 자신의 일을 하는 데 있는 것이 아니라 하나님의 드라마에서 우리의 위치를 발견하는 데 있다.

조니 에릭슨 타다(Joni Earekson Tada)가 가사를 쓰고 쉘든 커리(Sheldon Curry)가 부른 복음송은 내 생애에 가장 당혹스러운 사실을 아주 우아하게 표현해 주고 있다. 노래 제목도 아주 적절하다. 그 제목은 '주님이 나를 위해 써 주신 역할'(The Part You Wrote for Me)이다. 그 드라마의 위대한 작가이신 하나님은 가수가 담당해야 할 역할만을 써 주었다. 그런데 그녀는 게임도 하고 거짓 표정도 지으면서 자신에게 의도되지 않은 경기를 하고 있다. 그 노래의 기도는 그녀가 자신을 위하여 쓰여진 역할만을 할 수 있도록 지혜를 달라는 것이다. 바로 그것이다! 내가 그토록 바쁘게 하고 있는 일 중에서 얼마만큼이 하나님이 내게 하도록 하신 것일까? 그리고 그 중에서 어느 정도가 친구들과 문화의 강권에 단순히 따라가고 있는 것일까? 내가 하는 일의 대부분은 선한 것들이다. 그러나 그것들이 최선인가? 그 일들은 꼭 내가 해야만 하는 것인가? 하나님은 내가 무슨 일을 하도록 창조하셨는가?

내 친구 중 하나는 계속해서 똑같은 악몽을 꾼다고 말했다. 그는 자신의 생애 끝에 하나님의 보좌 앞에 서 있고, 하나님은 머리를 흔드시면서 "클레런스, 너는 내가 네게 명한 일을 하지 않았어. 너는 최선을 다하지 않았어"라고 말씀하신다는 것이다. 허비하는 삶보다 더 나쁜 것은 없다. 만약 극작가의 의도대로 되지 않은 삶이라면 아무리 큰 돈을 벌었다 할지라도 그 인생은 허비된 것이다. 그러나 하나님이 우리를 위해 써 주신 역할이 아무리 사소하다 해도 그것을 수용하고 끝까지 철저하게 해낸다면 우리의 인생은 매우 의미 있게 된다.

우리는 소명에 비추어 일을 선택해야 한다. 그 일은 하나님이 그리스도 안에서 우리 각 사람에게 주신 일이다. 그 일을 추측하는 좋은 방법의 하나는 하나님이 우리에게 주신 재능과 은사가 하나님이 세상에서 이루어지기 원하시는 일들과 어떻게 부합하느냐를 살펴보는 것이다. 소명에 대한 프레드릭 부크너의 기막힌 정의는 바로 다음과 같다. "하나님이 당신을 부르신 그 자리는 당신의 깊은 즐거움과 세상의 깊은 굶주림이 만나는 바로 그 자리이다."[6] 소명의 모든 측면을 다 다루려면 훨씬 자세한 신학 용어가 필요하지만 이것은 가장 기본적인 법칙이다.

소명과 일의 관계에서 반드시 해야 할 두 가지 중요한 질문이 있다. 그것은 "당신은 그 일 하기를 좋아하는가?"와 "그 일은 꼭 필요한가?"이다. 이 두 가지 질문은 우리 모두에게 본질적인 것을 확인시켜 준다. 우리의 일은 하나님의 위대한 구원의 이야기에 비추어 선택되어야 하며 이루어져야 한다는 것이다.

록 콘서트가 아닌 교향악

그 위대한 이야기는 우리 개개인의 이야기와 일을 하나님이 세상 속에서 하고 계시는 훨씬 큰 일의 일부로 보도록 강력하게 권면하고 있다. 우리가 하는 일의 가치는 더 큰 전체와의 관계에서 발생한다. 예배와 일은 둘 다 록 콘서트가 아닌 교향악의 일부가 되어야 한다. 록 콘서트에서는 개인적인 표현이 극에 달한다. 개인 연주자들은 서로에게 못된 장난을 쳐서 자기를 돋보이게 하는 수단으로 그룹을 이용한다.

교향악에서 개인주의는 전체를 위하여 승화되어야 한다. 음악회에서 연주하는 연주자들 공동체가 이루어 낸 위대한 모습은 개인적인 표현을 자제한 것에 대한 보상을 훨씬 넘어선다. 그것이 바로 성경적인 모델이다.

이것은 우리 문화를 주도하고 있는 개인주의와 정반대되는 것이다. 붐 박스(boom box)는 개인주의적인 자기 표현의 록 문화를 가장 잘 보여 준다. 여러 그룹의 사람들이 함께 모여 있는 것처럼 보이지만 사실은 붐 박스를 어깨에 멘 채 자기 귀에 대고 각각 다른 채널과 다른 테이프를 듣고 있다. 몇 가지 설정만 바꾼다면 이것이 바로 오늘날 일터에서 벌어지는 장면이다.

일을 개인주의적 자기 실현의 기회로 보는 것은 성경과는 동떨어진 생각이다. 우리는 하나님의 나라를 위하여 열심히 일한다. 우리가 부자가 된다면, 그 나라를 위하여 부자가 되는 것이지 우리 자신만 위하여 그렇게 되는 것이 결코 아니다.

배도(背道, apostasy)는 믿음을 버린 사람들을 가리키기 위해 사용되는 강렬한 성경의 용어이다. 그 단어는 두 개의 헬라어로 이루어져 있다. '아포'(*apo*)는 떠난다, 버린다는 의미이며 '스타시스'(*stasis*)는 자리 혹은 위치를 의미한다. 이 말은 원래 군사 용어로 쓰였을 것이다. 자기 주둔지를 떠나서 그 자리를 적에게 내준 군인은 '아포스테이트' 즉 배도자가 되었다. 성경은, 교리적으로는 이단설에 의해서 도덕적으로는 이교적인 생활 방식에 의해서 믿음을 떠난 사람들을 가리키기 위하여 이 말을 사용한다. 나는 배도에 대한 이해를 넓혀서 소명의 측면에서 믿음을 버린 사람들도 포함시켜야 할 것을 제안한다. 소명의 면에서 배도한 사람들은 자신의 일을 개인주의적인 자기 성취의 기회로만 본다.

지난 몇 해 동안 일부 텔레비전 전도 사역을 더럽혔던 도덕적이며 재정적인 추문들로부터 배울 점이 있다면 다음과 같은 것이라고 생각된다. 즉 기독교 사역이라고 불리는 것도 하나님 나라의 유익을 위해서가 아니라 개인의 성취를 위해 이교적으로 추구될 수 있다는 것이다. 기회주의적인 개인주의자들은 자신이 하나님의 이야기에서 어디에 맞는지를 찾기보다는 자기 자신의 대본을 쓰고 있다.

소명 훈련

우리가 예배에서 공연하고 축하하는 그 위대한 이야기는 우리 삶의 틀을 잡아 주고 우리를 일터로 이끌며 소명을 실천함에 있어서 우리를 훈련시킨다. 우리의 성품은 평생 동안 매주 성전에서 믿음을 행하고 실천할 때마다 훈련되고 형성된다.

그 위대한 이야기의 예식적인 드라마가 얼마나 강력했던지 거기에 감동을 받은 한 목사는 주저하는 불신자들, 즉 복음을 믿기 원했지만 믿을 수 없었던 사람들에게 다음과 같은 희안한 충고를 했을 정도이다. 그 목사는 사람들에게 매주일 예배하러 가서 찬송하고 기도하고 설교도 들으면서 마치 그것을 사실로 믿는 것처럼 행동하라고 말했다. 그 목사는 예배에서 쓰는 그 말들을 오랜 기간에 걸쳐서 마치 믿는 것처럼 구하는 마음으로 반복하기만 하더라도 성령님에 의해 쓰임을 받아서 믿음을 낳게 될 것이라고 믿었던 것이다. 나는 이 충고를 따르다가 회심하게 된 한 친구를 알고 있다.

어떤 신문의 종교란에 설교에 싫증난 한 교인이 불평을 적어 보낸 편지가 실렸다. 그가 평생 동안 예배에 참석한 횟수를 계산해 보았더니 자신이 들은 설교가 오천 편 이상이었는데 그 중에서 단 하나도 기억에 남지 않는다는 것이었다. 그 편지는 설교의 가치에 관한 열띤 편지 논쟁을 일으켰다. 그런데 어느 한 편지가 모든 논쟁에 종지부를 찍었다. 그 편지에는 이렇게 쓰여 있었다. "나는 평생 동안 수천 번이 넘는 식사를 했는데 그 중 몇 번만을 기억하고 있을 뿐입니다. 그러나 만약 그 식사들을 하지 못했다면 나는 틀림없이 굶어 죽었을 겁니다."

이것이 바로 그 위대한 이야기에 대한 매주일의 공연이 평생에 걸쳐서 우리 개인의 공연을 위해서 해주는 일이다. 그 공연은 우리가 소명 의식에서 살아가도록 우리를 훈련시켜 준다. 단 한 주만을 살펴본다면 보통은 대단한 일이 일어나지 않는다. 그러나 평생의 주일에 걸쳐서 셀 수 없이 많은 일들이 일어날 수 있다.

삶이 우리를 깎아내릴 때

내게는 노년에 대한 지론이 있다. 매우 비과학적이지만 나는 그것을 굳게 믿는다. 삶이 우리를 깎아내릴 때, 관절이 약해지고 피부에 주름이 가고 모세 혈관이 막히고 굳어질 때 우리에게 남는 것은, 줄곧 우리의 본질 속에 있어 온 우리의 됨됨이다.

첫 번째 예로 들 사람은 나의 먼 친척이다. 우리 가족을 위해서 나는 그 사람을 레이(Ray)라고 부르겠다. 그는 평생 동안 부자가 되는 새로운 방법을 찾아다녔다. 몇 가지 계획이 성공하여 그는 상당한 부자가 되었다. 그는 자신이 번 돈에 대하여 거들먹거리면서 노년을 매우 안락하고 근사하게 보냈다. 그의 죽음이 임박했을 때 어린 나이였던 나는 아무 쓸모도 없는 것을 얻고자 자신의 전 생애를 허비한 그 친척에 대해 입이 딱 벌어져서 아무 말도 할 수가 없었다. 삶이 그를 깎아내려 그의 본질만 남게 되었을 때 남은 것은 추악한 탐욕뿐이었다. 그것이 그의 덧없는 간단한 이야기다. 그는 평생에 걸쳐 수천 가지 조잡한 방법으로 그것을 개발해 왔다.

두 번째 예는 내 아내의 할머니 이야기이다. 그 분에 대한 우리 가족의 자랑은 막을 필요가 없다. 그녀의 이름은 에드나(Edna)다. 팔십대에 죽음을 맞이하였을 때 그녀는 이미 수년 동안 아주 노쇠한 상태였다. 이 할머니에 대하여 무엇을 말할 것인가? 우리가 저녁 식탁에서 식사 기도를 부탁하였을 때가 가장 좋은 예가 될 것 같다. 할머니는 손을 내밀어 옆에 앉은 사람들의 손을 잡았다. 만면에 부드럽고 아름다운 미소를 지으며 하늘을 쳐다볼 때는 그녀의 침침한 두 눈에서 눈물이 흘러내렸으며 그녀가 예수님에 대한 사랑을 쏟아 부으면서 기도할 때에는 턱을 덜덜 떨면서 말을 하였다. 그 분이 바로 에드나였다. 그녀는 예수님을 사랑했으며 사람들을 사랑했다. 그녀는 우리의 이름을 기억할 수 없었다. 그러나 가까이 갈 때마다 그녀는 사랑스럽게 우리의 등을 두드려 주었다.

삶이 그녀를 깎아내려서 본질만 남게 되었을 때 거기에 남았던 것은 사랑이었다. 하나님에 대한 사랑과 사람들에 대한 사랑이었다. 그것이 바로 그녀의 이야기다! 그것 역시 예배와 일의 수많은 작은 행위를 통해 수십 년에 걸쳐서 개발된 것이었다. 그러나 그것은 덧없는 이야기가 아니라 그 위대한 이야기의 일부였다. 나는 지금 이 순간에도 그 이야기가 회자되고 있다고 확신한다.

토론 문제

1. "만일 세속주의가 무(無)가 무엇인가를 의미할 수 있다고 말한다면, 기독교는 모든 것이 모든 것을 의미한다고 말한다." 이 말에 대하여 토론하라.
2. "매주 예배에서 구원의 드라마를 '연기'한다는 것"이 무슨 뜻인가?
3. 성전에서의 예배 의식이 세상에서의 예배 의식에 대하여 무엇을 말해 주는가?
4. 저자는 "일에는 유희성이 있어야 한다"고 말한다. 이 말은 무슨 뜻인가?
5. "지루하고 괴로운 일 가운데서 하나님을 볼 수 있으며 만날 수 있다"는 말에 대하여 토론하라.
6. "하나님이 당신을 부르신 그 자리는 당신의 깊은 즐거움과 세상의 깊은 굶주림이 만나는 바로 그 자리"라는 부크너의 말에 대해 토론하라. 당신은 자신의 삶에서 그와 같은 자리를 꼭 집어낼 수 있는가?
7. 저자가 이 장을 끝내면서 인생의 본질에 대하여 예로 드는 두 가지 삶에 대하여 토론하라. 당신은 가족과 친구들에게 어떻게 기억되고 싶은가? 현재 당신의 성향 중에서 어떤 점을 강화시키고 싶은가? 어느 방향으로 변하기 원하는가?

9
일요일에는 절대로!

안식일은 사람을 위하여 있는 것이요
사람이 안식일을 위하여 있는 것이 아니니

– 예수

휠즈(W. C. Fields)의 친구 한 사람이 하루는 휠즈가 탈의실에서 성경을 읽고 있는 것을 목격하게 되었다. 휠즈가 종교에 대해 냉소적임을 알고 있던 그 친구는 놀라움을 금치 못하였다. 당황한 휠즈도 성경책을 급히 덮으면서 이유를 둘러댔다. "허점을 좀 찾아보려고 했을 뿐이야."

이 짧은 이야기는 내가 거의 평생 동안 안식일 혹은 주일에 대하여 느꼈던 애증(愛憎)과 같은 이중적인 태도를 공유하고 있다. 나는 안식일이 특별한 날이며 거룩히 지켜야 하는 날임을 알고 있다. 그러나 내게는—특히 어렸을 때에는—지루하고 무료하고 제약적이고 따분한 날이기도 했다. 그래서 나는 항상 허점들, 진정으로 안식일을 지키는 것이 아니라 안식일이라는 계명을 지킴으로 점수를 얻는 길을 찾아다녔다.

나의 가장 친한 친구는 조용히 하기만 한다면 주일에 축구도 할 수 있었다. 그 날은 내게 혼란스런 날이었다. 나는 주일에 교회에서 열리는 예배에 모두 참석해야 했다(안 좋았음). 그러나 주일에 숙제를 하는 것은 허락되지 않았다(좋았음). 호숫가에는 갈 수 없었으나(안 좋았음), 어머니는 주일마다 구운 고기와 으깬 감자 요리로 된 풍성한 저녁 식탁을 준비하셨으며 우리는 식사 후 텔레비전의 축구 경기를 보면서 거실 바닥에서 잠들 수 있었다(좋았음!).

모든 계명을 다 제쳐두고 단 한 가지 계명 즉 안식일을 지키라는 계명만은 꼼꼼하게 지키려고 애쓰는 그리스도인들을 나는 많이 알고 있다. 그들은 나처럼 허점을 찾고 있다. 그들은 그 날이 특별한 날이며 그 날을 지켜야 한다는 것을 안다. 그러나 주일을 지켜야 하는 이유와 방법은 잘 모르고 있다. 솔직히 종교적인 의례에 참석하는 것은 낚시나 골프, 낮잠, 커피 마시며 일요 신문 훑어 보기 등과 같이 주말에 할 수 있는 다른 모든 일보다 형편없고 재미없다. 또 안식일은, 해치워야 할 밀린 일들 예컨대 사무실에 산더미처럼 쌓여 있는 일이라든지 한 달 전부터 기다리고 있는 마당 가꾸는 일 등을 해치우는 데 장애가 된다.

그래서 우리는 항상 궁색한 핑계거리, 피할 수 있는 허점을 찾고 있는 것처럼 보인다. 즉 실제로 안식일을 꼭 **지키는 것**이 아니라 안식일을 지켜 줌으로써 점수를 따는 방법들을 찾고 있는 것이다. 어떤 사람은 퍼센트를 따지면서 핑계를 댄다. "한 달의 주일 네 번 중에서 두 번을 참석했으니 괜찮아. 야구로 치면 5할대의 타자는 되는 거지 뭐." 또 어떤 사람들은 다 먹어치우기 작전을 쓴다. 즉 예배 참석 후 남는 시간에 할 수 있는 한 최대한 다른 활동을 하려고 노력한다. 이러한 사람들에게는 예배 시간이 이르면 이를수록 좋다. 좀더 신학적으로 교활한 사람들은 '오늘 그대는 쉴 만하노라'는 핑계를 댄다. 그들은 교회에서 멀리 떠나 지내면서 "이번 주에 나는 정말 힘들었어. 너무나 심신이 고달파. 오늘은 내가 쉴 수 있는 유일한 날이고, 집 안에 널린 잡일들을 해치워야 하는 날이야. 예수님도 안식일이 사람을 위하여 있지, 사람이 안식일을 위해 존재하는 것이 아니라고 말씀하셨어"라고 말한다.

그러나 실제로 예수님은, 하나님이 안식일을 준수하고 그 날을 거룩하게 지키라고 명령하신 것은 바로 우리 자신을 위해서라고 말씀하신다(막 2:27). 그렇다. 바로 이것이 핵심이다. 그렇지 않은가? 하나님은 우리에게 안식일을 지키라고 명령하시면서 "자, 여기 내가 이 날을 너희들의 건강과 행복을 위해서 주노라. 그 날을 지켜라. 그리하면 너희는 승리할 것이며, 위반하면 실패할 것이다"라고 말씀하셨다. 그러므로 우리를 위해 주신 것을 받아들이지 않는다면, 우리만 손해를 보게 될 뿐이다.

안식일에 대한 예수님의 유명한 말씀의 대상인 바리새인들은 안식일을 범하고 있었다. 그들은 안식일을 거룩하게 지키는 방법에 대한 규범을 너무나 많이 만들어서 그 날의 중요성이 그 쌓인 법규에 짓눌려 사라져 버릴 정도였다. 그러나 그들이 안식일을 범한 것은 우리가 안식일에 대한 법들을 아예 없애 버려서 정반대의 방식으로 동일한 오류를 범하는 것과 전혀 다를 바가 없다. 그들은 율법주의의 죄를 지었고 우리는 반율법주의의 죄를 짓고 있다. 우리는 안식일을 범했으며 또 그 과정에서 위반자들인 우리 자신을 해치고 있다.

안식일을 상실할 때 잃게 되는 것은 무엇인가? 좀더 적극적으로 말해서 하나님의 명령대로 안식일을 지켜서 얻는 유익은 무엇인가? 우리는 은혜와 자유, 소망과 시간을 얻게 된다.

1. 은혜

성경에서, 안식일에 대한 일곱 가지 이상의 특정한 교훈들 가운데서 하나가 언급되는 곳은 출애굽기 20:8-11이다. 거기를 보면 안식일의 의미가 하나님의 창조 사역과 연결되어 있음을 발견하게 된다.

안식일을 기억하여 거룩히 지키라. 엿새 동안은 힘써 네 모든 일을 행할 것이나 제 칠일은 너의 하나님 여호와의 안식일인즉 너나 네 아들이나 네 딸이나 네 남종이나 네 여종이나 네 육축이나 네 문 안에 유하는 객이라도 아무 일도 하지 말라. **이는 엿새 동안에 나 여호와가 하늘과 땅과 바다와 그 가운데 모든 것을 만들고 제 칠일에 쉬었음이라. 그러므로 나 여호와가 안식일을 복되게 하여 그 날을 거룩하게 하였느니라.**

이 본문은 태초부터 쉼(휴식)이 창조에 포함되어 있었음을 말해 준다. 쉰다는 것, 중단한다는 것, 멈춘다는 것, 이것이 바로 **안식**이라는 말이 글자 그대로 의미하는 것이다. 이 안식은 세계의 구조 속에 만들어진 리듬과 패턴의 일부이다. 하나님은 우리가 일과 안식 사이를 오가면서 살 수 있도록 리듬을 만드셨다. 이러한 리듬이 없었다면 우리의 삶은 무척 괴로웠을 것이다. 프랑스혁명 직후 얼마 동안 안식일이 폐지되고 열흘에 한 번씩 쉬는 것으로 대체되었을 때 볼테르가 이렇게 말했다고 한다. "먼저 기독교의 안식일을 없애 버린 후에야 비로소 기독교를 없앨 수 있다."[1] 그러나 그 실험은 재난을 초래했다. 사람들은 긴장을 견디지 못하고 무너져 내렸으며 동물들은 글자 그대로 거리에서 픽픽 쓰러져 버렸다.

은혜의 패턴

이 리듬에는 또한 일정한 패턴이 있는데 일을 마치고 휴식에 들어가는 것이 아니라 휴식을 마치고 일에 들어가는 것이다. 하루를 계산하는 성경의 방식은 우리가 지금 따지듯이 해뜰녘부터 다음 해뜰녘까지가 아니라 해질녘부터 다음 해질녘까지이다. 창세기 1장에 나오는 창조 기사 전체를 보면 각각의 창조의 날들을 다음과 같이 이어서 말하고 있다.

저녁이 되며 아침이 되니 이는 첫째 날이니라.
저녁이 되며 아침이 되니 이는 둘째 날이니라.
저녁이 되며 아침이 되니 이는 셋째 날이니라
(넷째 날도 다섯 째 날도 여섯째 날도 그렇게 되어 있다).

각각의 새 날들은 사람들이 일하러 가기 위해 일어나는 것으로 시작되지 않고 쉬기 위해 눕는 것으로부터 시작된다! 그래서 유대의 안식일은 토요일 아침이 아니라 금요일 저녁부터 시작되는데 이러한 패턴이 지닌 즐거움은 쉽게 입증된다. 아침부터 휴가를 시작할 경우 하루 동안의 휴식에 대한 느낌을 반대의 경우와 비교해 보라. 전날 저녁에 일을 해야 했다면, 다음 날 아침에 아주 피곤한 상태로 일어나게 된다. 그렇지 않은가? 정오가 되어서야 비로소 좀 쉬었다는 느낌이 드는데 그렇게 되면 벌써 하루의 절반은 가버린 셈이다. 그러나 만약 휴가가 전날 저녁부터 시작된다면 다음 날 아침 이미 원기가 회복된 채 깨어나게 되어 하루 전체를 즐길 수 있다.

이러한 패턴이 일에 대하여 가지는 함축은 혁명적이다. 나는 아침에 일어나 침대에서 나와 마루를 이리저리 동동거리며 다니다가 허리를 질끈 동여매고 손에는 커피를 쥔 채 문을 박차고 나가는 습관이 있다. 나는 '이제 나가서 뭔가를 해야지'라고 생각한다. 그러나 벌써 무슨 일이 일어나고 있다. 내가 잠들어 있을 때 하나님은 일하고 계셨다. 내가 할 일은 나가서 뭔가를 만들어 내는 것이 아니라 하나님이 이미 하고 계신 일 중에서 내가 어느 곳에 적합한지를 발견하는 것이다.

바로 이런 이유 때문에 하루를 기도로 시작하는 것이 아주 중요하다. 다른 일로 하루를 시작하는 것은 건방진 태도다. 일꾼으로서 우리가 맨 먼저 해야 할 일은 상전에게 가서 우리가 잠들어 있을 때 그가 하고 있던 일과 깨어 있는 동안 우리가 할 일을 알아보는 것이다. 기도도 하지 않고 일어나자마자 그 날의 일로 뛰어드는 것은 우리가 우리의 삶과 일을 알아서 하고 있다고 주제넘게 나서는 것과 똑같다.

창조의 질서와 패턴은, 구원의 질서 및 패턴과 동일하다. 우리는 무슨 일이든지 일에서 은혜로 움직여 가는 것이 아니라 은혜에서 일로 움직여 간다. 그렇지 않다면 그것은 은혜가 아니라 대가일 뿐이다! 에베소서 2:8-10에 있는 사도 바울의 위대한 말은 이 패턴을 멋지게 포착하고 있다. "너희가 그 은혜를 인하여 믿음으로 말미암아 구원을 얻었나니 이것이 너희에게서 난 것이 아니요 하나님의 선물이라. 행위에서 난 것이 아니니 이는 누구든지 자랑치 못하게 함이니라. 우리는 그의 만드신 바라. 그리스도 예수 안에서 선한 일을 위하여 지으심을 받은 자니 이 일은 하나님이 전에 예비하사 우리로 그 가운데서 행하게 하려 하심이니라."

여기에 패턴이 있다. 하나님은 은혜로 우리를 구원하신다. 구원은 하나님이 주시는 선물이지 선한 일에 대한 보상이 아니다. **구원은 공로에서 온 것이 아니라 하나님의 선물이다.** 그러나 하나님은 은혜를 주사 우리가 일할 수 있게 하신다. "**우리는 그의 만드신 바라. 그리스도 예수 안에서 선한 일을 위하여 지으심을 받은 자니.**" 이러한 패턴은 창조에서도 마찬가지다. 우리는 은혜를 받기 위해 일하는 것이 아니다. 일하기 위해 은혜를 받는다.

그러므로 안식일이 우리에게 주는 첫 번째 메시지는 은혜다. 안식일은 은혜의 날이다. 안식일은, 하나님은 하나님이시고 우리는 단지 사람일 뿐이며 그것이 좋다고 말해 준다. 우리는 우주의 운행을 하나님께 맡길 수 있다. 우리가 해야 할 일은 하나님의 계획에서 우리의 위치를 찾는 것뿐이다. 타락 이후, 일은 우리를 압박하고 그 무게로 우리를 짓누른다. 그러나 타락 이후에도 안식일은, 쫓기고 지친 일꾼들의 삶을 향한 은혜의 말씀이 되고 있다. 안식일은 가정 주부, 회계사, 용접공, 변호사에게 "이제 일을 멈추어도 좋다. 아니 적어도 오늘 하루만은 일을 멈추어야 한다"고 말한다. 안식일은 비그리스도인들에게도 이렇게 말한다. "당신들의 삶은 전부가 법과 어쩔 수 없음에 매여 있는 것이 아니다. 선한 자나 악한 자 모두에게 햇빛을 주시는 창조의 주님이 또한 당신들을 위해서 이 은혜와, 일로부터의 자유를 주셨노라."

성경은, 안식일을 창조와 연결시킴으로써 하나님이 우리 안에 창조의 일부로 지어 주신 은혜와 패턴을 범하는 자는 해를 당하지 않을 수 없다고 우리에게 말하고 있다.

2. 자유

성경은 또한 안식일을 자유와 연관시킨다. 신명기 5:15은 안식일에 대하여 출애굽기 20장과는 또 다른 신학적 이유를 제공한다. 신명기 5:15은 안식일 준수를 명하면서 우리가 왜 그 날을 지켜야 하는지에 대해 이렇게 설명한다. "너는 기억하라. 네가 애굽 땅에서 종이 되었더니 너의 하나님 여호와가 강한 손과 편 팔로 너를 거기서 인도하여 내었나니 그러므로 너의 하나님 여호와가 너를 명하여 안식일을 지키라 하느니라."

하나님은 이렇게 말씀하신다. "과거 한때 너희는 노예들이었으며 일하지 않으면 죽임을 당할 수밖에 없었다. 이제 너희들은 자유다. 그것을 잊지 말라. 그것을 잊지 않기 위해 안식일을 확실히 지키라. 너희가 자유인이며 노예가 아니라는 것을 기억하기 위하여 한 주에 한 번씩은 일하기를 멈추라."

그러므로 안식일은 일의 노예가 되어 살아가는 세상에서 자유의 하루이다. 세상은 성취를 통해 우리의 존재를 정당화하고 우리 자신을 유지해야 한다고 말한다. 우리의 대화는 이와 같은 현실을 지적하는 말로 가득 차 있다. "네가 살아 있음에도 불구하고 아무도 너에게 신경쓰지 않는다는 생각이 든다면 몇 달치 밀린 자동차 값이나 내라" 혹은 "위궤양이 생기지 않는다면 네 몫은 챙길 수 없을 거야" 등의 말이다.

만화 '셀리 포오스'(Sally Forth)를 보면 여주인공인 셀리는 아침에 하루 '할 일'의 목록을 작성한다. 목록을 작성하면서 그녀는 이렇게 생각한다. "한 주를 시작하면서 가장 먼저 할 일은 해야 할 일의 목록를 작성하는 것이지. 이 목록은 성취해야 할 일에 대하여 기억할 수 있도록 도와주며 또한 일의 파도들이 목덜미까지 찰싹거리고 있어 바야흐로 일의 바다에 휩쓸려 버릴 지경이라는 것을 기억하는 데 도움을 주지."

광란의 레크리에이션

심지어 레크리에이션과 여가 생활 위에도 노예의 표지가 달려 있다. 나의 아버지 세대에게 일요일은, 지난 일주일에서 다가 올 일주일을 위해 쉬는 날이었다. 내 세대에게 일요일은 지난 일주일 동안 견디었던 모든 일들을 자신에게 보상하는 날이다. 오늘날의 세대는 광적이고 지독한 레크리에이션 중독증에 걸려 있다. 이들에게 레크리에이션은 거의 일종의 '의무'이다. 사람들은 토요일과 일요일에 노는 것에 대하여 스스로에게 빚이 있다고 느끼고 있다. 두 세대 모두 일의 노예들이다. 그들은 모두 일이 안식의 의미를 결정한다고 생각하기 때문이다.

안식일을 거룩하게 지키라는 명령의 아름다움은 일이 우리의 삶에 총체적으로 군림하려는 것을 물리칠 수 있는 힘을 주는 데 있다. 그 아름다움은 일을 바라보면서 "나는 너의 노예가 아니다. 나는 다음 스물네 시간 동안 쉴 것이다. 그리스도 안에서 나는 자유다. 내 장래의 복은 주님의 손에 달려 있는 것이지, 내 손으로 너를 얼마나 잘 섬기느냐에 있는 것이 아니다"라고 말하게 해준다.

안식일에 대한 말씀의 멋은 그것이 명령이라는 데 있다. 만약 안식일이 선택으로 주어졌다면 우리는 거의 쉬지 못했을 것이다. 우리는 전능하신 하나님으로부터 안식의 명령을 받아야만 한다. 그렇지 않으면, 우리는 전능한 일의 명령을 따라 계속 일을 해야만 할 것이다. 그러나 우리에게는 안식일에, 쌓여 있는 일을 바라보면서 그 다음 날에 무슨 일이 '있다 해도,' "안 되지, 오늘은 안 돼. 너희들은 내일까지 기다려야 돼!"라고 말할 수 있는 커다란 즐거움이 있다.

그렇다고 해서 이 말이 안식일에 반드시 해야 할 일들을 하지 않는다는 의미는 아니다. 안식일에 소가 도랑에 빠졌으면 율법은 가서 그 소를 건져 내라고 말한다고 예수님은 말씀하셨다. 때때로 꼭 그 날 해야 할 일이 있다. 그러나 빌리 그래함이 말했다시피, "만약 소들이 안식일에 계속해서 도랑에 빠진다면, 그 도랑을 메꾸어 버리거나 그 소를 묶어 두는 것이 좋다." 우리는 자신의 모든 일들이 주변에서 문제를 일으키지 않고 적어도 일주일에 하루는 일을 멈출 수 있도록 삶을 질서 있게 만들어야 한다.

"그것 참 모두 좋은 말입니다. 그러나 내게는 결코 해당되지 않는 말입니다"라고 말하는 사람이 분명히 있을 것이다. 만약 안식일을 지키는 것이 칠일 동안 할 일을 엿새 만에 해내야 한다는 것을 의미한다면 그 말은 맞다. 바꿔 말해서 안식일을 지키는 것이, 당신이 이미 하고 있는 수많은 일들의 꼭대기에 해야 할 일을 하나 더 얹어 놓는 것이라면 당신은 성공하지 못할 것이다. 성공적으로 안식일을 준수하는 것은 시간을 잘 운용하는 새로운 기술을 터득하는 문제가 아니다. 안식일 준수는 훨씬 더 근본적인 것이다. 그것은 회개와 돌이킴의 문제이다. 그것은 **하나님을 위한 자리가 전혀**

없던 생활 방식을 버리고 믿음으로 하나님을 위한 공간을 마련하는 삶을 선택하는 것을 의미한다. 물론 일가족이 안식일을 좀더 쉽게 지키기 위하여 사용할 수 있는 기술들이 있다. 그러한 것들은 안식일 준수를 중요하게 여겼던 유대인들을 통해 잘 배울 수 있다. 그러나 회개와 돌이킴이라는 기본적인 변화가 없다면 그러한 기술들은 아무 소용이 없다. 진짜 문제는, **만약 여러분과 내가 너무도 바빠서 한 주에 하루도 일을 멈추지 못한다면 우리들은 정말 너무 바쁜 것이라는 것이다**! 우리의 문제는 시간 부족이 아니라 죄이다. 우리는 하나님의 자비를 간절히 구해야 한다.

3. 소망

안식일은 또한 소망에 관한 것이다. 소망은 창세기의 창조 기사와 일주일의 구조 안에 함축되어 있다. 거기에는 시작부터 마지막까지의 운동이 있다. 창조 기사는 끊임없는 주기의 반복이 아니라 극점(極點)과 해소(解消), 완성과 성취가 있는 이야기다. 유대주의의 일주일은 역사에 대한 그림, 만물의 종국과 인간 드라마에 대한 하나님의 대단원, 그 완성을 향하여 살아온 삶에 대한 그림이다. 안식일은 일주일의 중심이 되었다. 안식일 전 사흘 동안 헌신된 유대인들은 안식일이 오기를 고대하였다. 그리고 나머지 사흘 동안에는 안식일을 돌아보면서 그 날의 일을 음미하였다. 하나님의 영원한 안식은 유대인들이 고대하던 소망이었으며 그들은 그 소망을 가지고 살았던 것이다.

기독교의 안식일은 일요일로 옮겨졌다. 일요일은 예수님이 죽음에서 부활하신 날이기 때문이다. 유대주의가 소망했던 새로운 생명, 새로운 삶은 그리스도 안에서 부활에 의하여 출범되었다. 비록 아직 온전히 성취되지는 않았지만, 예전에 소망을 두고 **바라보았던** 그것이 이미 성취되었으므로 이제는 그 성취된 것**으로부터** 살아가는 삶이 된 것이다.

이 소망의 주제는 신약 성경, 특히 히브리서의 메시지에 분명하게 드러난다. "그런즉 안식할 때가 하나님의 백성에게 남아 있도다. 이미 그의 안식에 들어간 자는 하나님이 자기 일을 쉬심과 같이 자기 일을 쉬느니라. 그러므로 우리가 저 안식에 들어가기를 힘쓸지니 이는 누구든지 저 순종치 아니하는 본에 빠지지 않게 하려 함이라"(히 4:9-11).

미래를 향한 창

그러므로 안식일은 미래를 향한 창이다. 안식일은 하나님이 혼란스럽고 엉망진창인 우리의 삶을 의미 있게 하실 때를 지시해 준다. 안식일은 냉혹한 시간의 전진만이 전부가 아니라는 것을 말해 준다. 안식일은 우리의 삶에 살인적인 경쟁을 넘어서는 의미가 있음을 기억하게 해준다.

조지 허버트는 안식일에 대하여 이렇게 썼다.

오, 이토록 조용하고 밝은 날이여.
이 날의 열매는 다음 세상의 꽃봉오리로다.[2]

이 세상에서의 안식의 하루가 장차 올 세상의 '꽃봉오리'라는 말이 사실이라면 나는 소망 가운데 한 주의 나머지 날 동안 진정으로 쉴 수 있을 것이다! 만약 안식이 미래의 '꽃봉오리'라면 그 미래는 내게 속한 것이 아니라 하나님께 속한 것이다. 이 소망은, 일주일 동안 내가 하는 일에 우상 숭배적인 중요성을 부여하는 만용으로부터 나를 건져 준다. 여호와께서 집을 세우지 아니하시면 나의 모든 수고가 다 헛되다. 장래는 나의 손에 있지 않고 하나님의 손에 있다.

그러나 이 소망은, 또한 모든 것이 다 헛되다고 말하는 허무로부터 나를 구해 준다. 미래는 하나님의 손에 달려 있기 때문에 하나님은 내가 지금 하는 일들을 취하사 하나님의 위대한 구속의 계획 속에 집어넣으셔서 그것을 중요하게 만드시며 그렇게 하시기 위하여 내게 일용할 양식을 주신다.

일에서 이 소망을 제거해 버린다면 일하는 즐거움은 곧 사라진다. 우리가 하는 일은 의미 없는 고역이 될 뿐이다. 내가 읽은 것 중에서 루이스의 동화 「은 의자」(The Silver Chair)만큼 우리 시대를 잘 묘사한 글도 드물다. 이야기 속에 등장하는 질(Jill)과 유스테이스(Eustace)는 마법사의 지하 세계에 들어간다. 거기에는 햇빛은 전혀 없고 말없이 무표정한 얼굴로 일하는 수천의 늙은 난쟁이들을 비추는 희미하고 창백한 빛이 있을 따름이었다. "난쟁이마다 너무도 바쁜 것이 슬퍼 보일 지경이었다. 그러나 질은 그들이 무엇 때문에 그렇게 바쁜지 결코 알아낼 수 없었다. 그러나 끊임없이 움직이며 삽질하는 소리, 서두르면서 걷는 쿵쿵거리는 소리는 계속해서 이어졌다."[3]

안식인가 치료인가?

크리스토퍼 라쉬(Christopher Lasch)는 한 사회가 장래에 대한 확신을 상실하기 시작할 때 무슨 일이 벌어지는가를 이해하기 위한 시도로서 「나르시시즘의 문화」(Culture of Narcissism)라는 책을 썼다. 라쉬는, 사람들이 "개인의 구원이 아니라 느낌과 순간적인 환상, 개인 복지와 건강, 심리적 안정 같은 것들을 열망한다"고 결론을 내렸다.[4]

사람들은 치료를 원하지 구속을 원하지 않는다. 기분 전환을 원하지 안식을 원하지 않는다. 휴일을 원하지 안식일의 은혜와 자유와 소망을 원하지 않는다.

나는 소비에트의 한 가구 공장에 대한 이야기를 읽은 적이 있다. 그 공장에서는 좌절과 지루함에 빠진 노동자들이 10분씩 '심리 안정실'을 예약할 수 있었다. 그 방에는 흔들 의자와 새소리가 나는 녹음기가 있었으며 벽마다 좋은 경치를 담은 사진들이 붙어 있고, 라틴 비트로 노래하는 여가수의 노래가 흘러 나왔다고 한다.

행복한 휴식을 가지세요.
오늘은 아주 행복한 날입니다.
우리는 슬퍼할 필요가 없습니다.
언제나 오늘 같을 것입니다.
항상 여름일 것입니다.[5]

그것은 안식이 아니라 치료이다. 치료는 안식일이 없으며 소망이 없는 세계가 쉬기 위한 방법 중에서 안식에 가장 가까운 것이다.

4. 시간

우리는 또한 안식일에 시간을 얻는다. 목숨을 구원코자 하는 자는 목숨을 잃을 것이라는 예수님의 말씀(막 8:35)은 시간에도 적용되는 말이다. 놀랍게도 우리는 안식일에 하나님께 드린 시간을 다시 되돌려 받게 된다.

하나님은 모든 피조물의 주인이시므로 시간의 주인도 되신다는 기본적인 진리로부터 논리가 시작된다. 하나님은 '계절과 날과 해'의 경계를 표시하기 위해(창 1:14) 해와 달과 별들을 사용하셔서 시간을 주관하신다. 그리고 하나님은 당신이 배정하시는 것들로 시간을 채우신다. 하나님이 원하시는 모든 것들에 각각의 때를 정해 주신다. 우리의 탄생과 죽음의 정확한 시간을 비롯하여 '해 아래 있는 각각의 모든 활동을 위한 때'를 정해 주신다. 우리 삶의 모든 순간과 모든 요소들은 시간의 주인이신 하나님의 완전한 지혜와 충만한 사랑의 손길에서 나온다(전 3:1-7).

시간의 성화

안식일은 하나님이 시간의 주인이라는 사실을 강력하게 기억하도록 만들어 준다. 성경은 안식일을 '여호와의 거룩한 날'이라는 말로 되풀이해서 부르고 있다. **거룩**이라는 말은 하나님을 위해 구별되다, 하나님께 성별 혹은 봉헌되었다는 뜻이다. **날**은 시간의 단위이다. '여호와의 거룩한 날'은 하나님을 위하여 구별된 시간을 말한다. 안식일뿐만 아니라 우리의 모든 날이 여호와 하나님의 것임은 분명한 사실이다. 그러나 안식일 사상은 그 전체를 위하여 일부를 성별한다는 의미이다. 그리스도인들이 세상의 소금이듯이 안식일은 한 주간의 소금이다. 안식일만이 주님의 날이기 때문이 아니라 한 주간 전체가 주님의 날이기 때문에 우리는 안식일을 지킨다. 안식일은 이 근본적인 진리를 일깨워 준다.

여기에서 우리는 성경의 종교와 이방 종교 사이의 큰 차이점을 발견하게 된다. 이방 종교는 장소를 성별하는 데 관심이 있었다. 무엇보다 가장 거룩한 것은 민족, 산, 성전, 숲 같은 장소들이었다. 이스라엘을 둘러싼 가나안인들이 믿는 신들과 바알들은 땅의 신과 농경신이었다.

그러나 뿌리 깊은 성경적 기반을 가지고 있던 유대의 종교는 '시간의 성화를 목표로 하는 시간의 종교'였다고 유대 신학자인 아브라함 여호수아 헤셸(Abraham J. Heschel)은 쓰고 있다.[6] 유대 땅에는 성전도 있었고 예루살렘도 있었고 하나님이 이스라엘에게 주신 땅도 있었다. 그리고 이 모두는 하나님 앞에 거룩한 것이었다. 그러나 이 모든 것의 이전에, 그리고 이 모든 것이 다 사라진 후에도 하나님의 사랑과 구원을 경축하는 위대한 날들이 있었다. 만약 이교 신앙의 성전을 공간에 세워진 거룩한 건축이라고 부른다면, 유대인들의 거룩한 날과 절기들은 '시간 속에 세워진 건축물'이었다. 그리고 안식일은 그 중에서도 중심을 이루는 구조물인 시간 속의 '궁전'이며 '성곽'이다.[7]

헤셸에 따르면, 현대의 기술 문명은 본질적으로 공간과 사물과 대상에 대한 정복과 조작에 집착하고 있다는 점에서 이교적이다. 더욱이 기술 문명은 시간보다는 공간을 더 중요시하는 것처럼 보인다. 더 많은 물건을 소유할수록 우리의 시간은 줄어든다. 나는 이 책을 워드 프로세서를 사용하여 쓰고 있는데 이 기계는 직접 손으로 글을 쓰는 데 들어가는 시간의 40퍼센트를 절약해 준다. 그렇다면 이 기계가 정말 시간을 절약해 주었는가? 사실은 그렇지 않다. 훨씬 빠르게 글을 쓰게 해주는 이 유행하는 기계 덕분에 나는 그 동안 해왔던 것보다 두 배를 더 쓰고 있다. 전체 결과를 보면 과거 내가 펜과 노트만 가지고 있을 때보다 훨씬 더 바빠지게 된 것이다!

그러나 헤셀은 공간이나 물건이 아닌 시간이 우리 존재의 중심이라고 말한다.[8] 기술 문명은 사물에서 의미를 찾지만 성경의 신앙은 시간에서 의미를 찾는다. 이는 '**때가 차매**' 하나님이 우리에게 그의 아들로 말미암은 구원을 가져다 주셨기 때문이다(갈 4:4).

크로노스인가 카이로스인가?

시간의 성화에 대한 성경의 관심은 시간을 뜻하는 두 개의 헬라어를 통해 가장 잘 드러난다. 사실상 이 두 단어 중 하나는 거의 성경에 나오지 않는다. 반면 다른 한 단어는 성경에서 시간을 표시할 때 거의 전적으로 사용하고 있는 단어이다. 첫 번째 단어는 '크로노스'(*chronos*)이다. 이 단어는 양적이며 선적(線的)인 의미에서의 시간을 표시한다. 두 번째 단어는 '카이로스'(*kairos*)로서 질적이며 의미적인 관점에서 본 시간을 가리킨다. 두 단어를 대조해 볼 때 크로노스는 추상적인 차원에서의 시간을 의미하며 카이로스는 구체적인 상황에서의 시간을 가리킨다. 크로노스는 날짜이며 카이로스는 절기다. 크로노스는 주관하고 경영하는 것이며 카이로스는 이해하고 복종하는 것이다.

성경에서 시간을 가리키기 위하여 거의 전적으로 사용된 단어가 어느 것이라고 생각하는가? 그 단어를 카이로스라고 추측했다면 바로 맞춘 것이다. 성경은 크로노스라는 시간에 대해서는 무관심한 반면 카이로스라는 시간에 전적으로 매료되어 있다. 성경은 시간의 양보다는 우리에게 주어진 시간의 의미에 훨씬 많은 관심을 두고 있다.

우리의 문화에서 위세를 떨치고 있는 시간관이 무엇인지 알아보는 것은 그다지 어렵지 않다. 우리는 크로노스에 중독된 사람들이다. 어떻게 하면 시간을 더 많이 얻을 수 있는지, 어떻게 하면 시간을 잘 관리하고 통제할 수 있는지에 너무 집착하고 있다. 어떤 사회 분석가들은 지난 오백 년 동안의 사건들 중에서 시계의 발명보다 인간 문명의 형성에 근본적인 영향을 끼친 것은 없다고 믿고 있다. 분명 우리의 삶은 손목 시계가 지닌 사회적 경험에 의해 조건지어져 있다.

성경의 관점 즉 카이로스의 관점에서 시간을 보았을 때 이 모든 것은 얼마나 우스운 것인가? 우리는 시간 관리에 엄청난 관심을 쏟고 있다. 그렇지 않은가? 시간 관리는 시간을 응답해야 할 사건으로서가 아니라 소모해 버려야 할 개체로서 취급한다. 시간 관리! 얼마나 이치에 어그러진 생각인가! 더 심하게 말하자면 그것은 주제넘은 생각이다. 누가 감히 카이로스를 관리할 수 있다고 주제넘게 나설 수 있단 말인가? 우리가 하고 있는 이 모든 시간 운용의 테크닉들은 모두가 주어진 시간 안에서 더 많은 것들을 하기 위한 방편들을 찾고자 함이다. 더 많은 사람들을 만나고 더 많은 프로젝트를 수행하고 더 많은 모임에 참석하기 위한 것이다. 이것이 바로 그 모든 시간 운영을 잘 하고 나서도 여전히 우리가 소모되었으며 공허하다고 느끼는 이유이다. 우리는 너무 바쁘기 때문에 시간을 관리하는 도움을 받을 필요가 있다고 생각한다. 그러나 좀더 근본적인 문제는 **시간의 의미에 대한 감각을 상실했기 때문에 우리가 그렇게 바쁘게 되었다는 것이다.**

성경은 우리에게 우선적으로 카이로스에 의한 삶을 살아갈 것을 요청한다. 그리고 우리가 해야 할 것과 어떻게 살아야 할 것에 대한 크로노스를 카이로스가 지시하도록 만들라고 요청한다. 바울은 로마에 있는 그리스도인들에게 그들의 시간을 잘 보내기 위하여 "이 시기를 알라"(롬 13:11)고 일깨우면서 카이로스라는 단어를 쓰고 있다. 바울은 그 절기에 대하여 경성하라고, 그리스도의 부활과 재림에 비추어서 그 순간의 의미에 경성하라고 권면하는 것이다. 카이로스를 분별한다는 것은 "낮에와 같이 단정히 행하는 것"(롬 13:13)을 의미한다. 국제새번역(NIV)에 단정히(decently)라고 번역된 헬라어 단어는 '유스케모노스'(*euschēmonōs*)로서 품위와 우아함이라는 개념을 지니고 있다. 정말로 시간을 안다는 것은 품위 있게―만약 여러분이 원한다면, 일류로 사는 것이다. 그것이 바로 때에 맞게 사는 것이다.

지금이 몇 시인지 제대로 알고 있는가?

지금의 아내와 결혼 약속을 한 다음 날 아침 나는, 여덟 시가 되기 전에 직장에 들어가기 위하여 애쓰고 있던 수많은 사람들로 인한 교통 마비 속에 갇혀 있었다. 그 해는 1970년이었는데 내 차의 라디오에서는 록 그룹 시카고가 부르는 인기 있는 노래가 흘러나오고 있었다. 가수가 "지금이 몇 시인지 누가 진짜 알고 있는가?"라고 말하고 있다시피 그 노래는 손목에 금시계를 차고 주차장에서 일터로 쏟아져 들어가고 있는 사람들에 대한 노래였다. 그 노래는 부지중에 카이로스에 대하여 말하고 있다. 그리고 어떻게 카이로스로서의 시간이 크로노스로서의 시간 속에서 쉽게 사라져 버리고 있는지를 노래하고 있었다. 그 날 아침은 내 생애 중에서 가장 행복한 날 중의 하나였다. 그 전날 밤 나는 꿈에 그리던 소녀로부터 나의 아내가 되겠다는 말을 들었던 것이다. 나는 고속도로 한 가운데에서 내 노란 폭스바겐을 멈춰 세우고 그 위에 올라 서서 주변에 있는 차에 갇힌 사람들을 향하여 "지금이 진짜 몇 시인지 아는 사람 누구 있어요?"라고 묻고 싶은 충동을 느꼈다.

지금이 진짜 몇 시인지 알기 위해서는 안식일이 필요하다. 지금은 바로 예수님의 부활과 재림 사이의 시간이다. 우리에게는 우리의 크로노스를 뚫고 들어와서 우아하고 품위 있게 살 수 있도록 시간의 의미를 가르쳐 주는 안식일이 필요하다. 하나님이 시간의 주인이시기 때문에 우리는 은혜로 사는 것이지 공로로 사는 것이 아니며, 자유로 사는 것이지 노예로 사는 것이 아니며, 소망으로 사는 것이지 절망으로 사는 것이 아님을 되새겨 주는 안식일이 필요한 것이다.

하나님은 1979년 나의 크로노스를 뚫고 들어오셔서 일종의 안식일을 허락하셨다. 당시에 나는 허리 디스크에 걸려서 등을 판자에 대고 꼼짝 없이 침대에 누운 채로 여섯 주 동안을 견디어야 했다. 미칠 것 같은 시간이었다. 할 수 있는 일은 아무것도 없었다. 회복기 동안에 읽었으면 하고 바랐던 많은 양의 책도 등을 대고 누워 있는 동안에는 눈의 초점을 잘 맞출 수 없어서 읽을 수가 없었다.

내가 할 수 있었던 것은 오로지 기도뿐이었다. 나는 목사이기 때문에 매일 전 교인을 위하여 기도함으로써 교회를 위하여 무엇인가를 할 수 있으리라 생각했다. 그래서 나는 매일 교회 주소록을 보고 교인들마다 이름을 불러가면서 기도를 했다. 처음에는 지루함을 덜기 위한 것에 지나지 않았으나 얼마 후 기도는 달콤해졌다. 병세가 호전되어 다시 일에 복귀할 수 있을 즈음의 어느 날, 나는 "이제 낫게 되어 이렇게 기도할 시간이 없다는 것이 참 안타깝습니다"라는 고백을 했다.

하나님의 응답은 빠르고도 퉁명스러웠다. 하나님은 "건강할 때나 아플 때나 너에게 있는 시간의 양은 똑같다. 유일한 차이점은 **네가** 건강할 때는 네가 모든 것을 조절하고 있다고 생각하는 것이다"라고 말씀하셨다. 다시 말해서 우리 모두는 매일 똑같은 양의 크로노스를 가지고 있다. 하루 스물네 시간, 그 이상도 그 이하도 아니다. 우리에게 부족한 것은 카이로스에 대한 의식이다. 그 시간이 무엇을 의미하는지, 또 그 시간 속에서 하나님이 우리에게 무엇을 요구하시는지를 볼 수 있는 분별력이 결여되어 있다. 모든 안식일들이 그렇다시피 그 안식은 내게 카이로스를 느끼게 해준 아름다운 길이었다. 그리하여 결코 충분히 소유할 수 없을 듯한 그 시간을 얻을 수 있도록 해준 것이다.

이쯤 되었으면, 왜 예수님이 바리새인들에게 "안식일은 사람을 위하여 있는 것이요 사람이 안식일을 위하여 있는 것이 아니니"라고 말씀하셨는지를 알 수 있기를 바란다(바리새인들은 우리가 안식일을 남용하는 것과는 반대되는 방법으로 그 날을 남용한 사람들이었다). 안식일은 우리를 위한 것이다. 안식일은 선물이다. 하나님의 모든 법들과 함께 안식일은 은혜와 자유와 소망에 대한 것이다. 안식일에 대한 말씀이 명령의 형태로 우리에게 주어진 이유는 다만 우리가 일을 멈추기 위해서는 명령이 필요하기 때문이다. 만약 안식일에 대한 말씀이 허용의 문제였다면, 우리들 중 어느 한 사람도 일을 중단하지 않았을 것이다. 그리고 우리는 일과 레크리에이션에 대한 걱정 근심을 태산같이 쌓아 놓았을 것이다. 그러나 그 명령의 배후에는 허용이 있다. 하나님의 은혜 안에서 긴장을 풀라는 허용이며 하나님의 사랑 안에서 자유를 누리라는 허용이며 그 소망으로 격려를 받으라는 허용이다.

당신의 한 주간 중 하나님이 삶의 중심이며 모든 것이 그 중심에서 나오고 그 중심으로부터 모든 것이 자기 자리를 찾는다고 큰 소리로 분명하게 말해 주는 때는 언제인가? 헨리 자일스트라(Henry Zylstra)는 화성에서 온 사람이 미국인이 생활 속에서의 종교의 역할에 대하여 어떻게 인식할 것인지를 다음과 같이 생각했다. "화성인은 타임 지를 한 권 집어서 그 목차를 가리키며 여기에서 자기가 발견한 것은 많은 사람들이 예술과 서적과 사업과 영화와 교육과 의학과 사람들과 개성과 출판과 라디오와 종교와 스포츠와 연극 등에 관심이 있다는 사실이었다고 말할 것이다…"[9]

종교는 우리가 하고 있는 많은 것 중 하나일 뿐이다. 다른 것들은 휴식보다 더 낫지도 더 나쁘지도 않다. 내가 우리 삶의 광적인 발걸음을 들여다 볼 때, 또 우리가 우리의 세월에 수많은 활동들―그 활동은 대부분 좋은 것들이다―을 가득 채우는 것을 볼 때 나는 우리의 시간에 대한 생각이 어떤 것인지에 대하여 의문을 갖는다. 안식일이라는 것이 우리가 주중에 일하는 시간과 똑같은 단지 또 하나의 시간일 뿐이라고 생각한다면 과연 우리가 그리스도께서 만유의 주인이시며, 처음이자 마지막이시며, 우리가 그 안에서 살고 움직이며 우리의 존재를 취하시는 분이라고 진정 믿고 있는지 의심이 생긴다.

안식일은 말한다. "멈추라. 보라. 들으라. 삶은 당신의 곁을 지나고 있다. 더 열심히 달리면 달릴수록 당신이 얻는 것보다 더 많은 것이 남는다. 더 충만케 채워지기를 원할수록 당신은 더욱더 공허하게 될 것이다." 멈추어서 보고 들으라. 안식일을 축하하라. 일이 아니라 은혜로 인해 산다는 것을 알라. 당신은 자유자이다! '필연'의 노예가 아니다. 소망이 있다는 것을 알라. 당신의 삶은 거대한 완성을 향해 움직여 가고 있음을 알라. 그리고 당신의 삶이 당신의 행함이 아니라 하나님의 일하심으로 완성에 도달하게 된다는 사실을 알라. 멈추어서 보고 들으라.

토론 문제

1. 당신이 어린 시절부터 기억하고 있는 안식일 규칙으로는 무엇이 있는가?
2. 어떤 두 가지 방향에서 우리는 안식일을 '범하고' 있는가?
3. 안식이라는 단어는 무엇을 의미하는가?
4. "우리는 그의 만드신 바라. 그리스도 예수 안에서 선한 일을 위하여 지으심을 받은 자니"라는 성경 말씀에 대하여 토론하라. 이 사실을 안다는 것이 일을 대하는 우리의 태도에 어떤 영향을 끼치는가?
5. '자유'의 날로서의 안식일에 대하여 검토해 보라. 안식일을 소망의 날로 생각해 보라. 당신의 생활 양식에 어떤 의미를 갖게 되겠는가?
6. '미래에 대한 창', 시간의 망원경으로서의 안식일에 대하여 토론해 보라.

10
우리의 일용할 양식

그리스도에 대한 마음을 바르게 가지라
그리하면 그가 당신을 자주 찾아오시리라
평일을 주일로 바꾸고
식사를 성찬으로
가정을 성전으로
땅을 천국으로 바꾸라

– 찰스 헤돈 스펄전

주 예수 그리스도는 그의 이름으로 열리는 잔치에 당신을 기쁨으로 청하신다." 성찬식의 초대문을 읽은 것이다. 나는 이 문장을 좋아했다. 나는 그리스도의 이름으로 열리는 잔치에 몇몇 친구들과 함께 초대받고 있었던 것이다.…그리고 성찬에는 훨씬 더 깊은 의미가 내포되어 있다.

'훨씬 더 깊은 의미'라는 것은 우리의 일과도 관계가 있다. 성찬은 성경이 일과 예배에 관하여 말하는 모든 말씀이 함께 모이는 접합점이며 그 말씀들은 떡과 포도주로 구현된다. 이 간단하고 신비한 식사보다 더 강력하게 우리의 일에 대하여 가르쳐 주고 우리의 일을 변혁시켜 주는 예배 행위는 없다. 만약 하나님이 주님의 식탁에서 당신과 생생히 함께하실 수 있다면 그 분은 당신이 일하는 책상이나 공부하는 곳에서도 당신과 생생하게 함께하실 것이다.

특별한 종류의 기념

어떻게 그렇게 될 수 있는가? 성찬이 기념하는 바가 우리의 일에 대한 의미의 핵심이다. 예수님은 잡히시던 그 날 밤에 떡을 떼시면서 우리에게 익숙한 이 말씀을 하셨다. 이 말을 사도 바울이 이렇게 인용하고 있다. "축사하시고 떼어 가라사대, '이것은 너희를 위하는 내 몸이니 이것을 행하여 **나를 기념하라**' 하시고 식후에 또한 이와 같이 잔을 가지시고 가라사대 '이 잔은 내 피로 세운 새 언약이니 이것을 행하여 마실 때마다 나를 **기념하라**' 하셨으니"(고전 11:24-25).

우리가 **기념하다**로 번역하는 헬라어는 '아남네시스'(*anamnesis*, 여기에서 *an*은 '아니다'라는 부정을 표시하며 *amnesis*는 기억상실증을 의미하는 영어 amnesia와 같이 '잊음, 잊어버림, 망각'을 뜻한다. 대부분의 영어 성경에서는 이 헬라어를 remembrance로 번역하고 있다)이다. 이 단어는 영어로는 제대로 표현될 수 없는 히브리나 셈어적 개념을 표현하고 있다. 영어는 어느 것도 그 의미하는 바를 제대로 포착하지 못한다. 기억

(remembrance)나 기념(commemoraion)이나 추모(memorial) 같은 단어들은, 기억되는 사람이나 사물이 과거에 속해 있으며 이미 지나가 버렸다는 개념을 내포한다. 이 말들은 사진을 보면서 지나간 날들을 기억하며 흐뭇해하는 이미지를 준다. 그러나 '아남네시스'는 그와는 정반대의 이미지를 제공한다.「웨스트민스터 예배 사전」(*Westminster Dictionary of Worship*)에 따르면, '아남네시스'는 과거의 어떤 사람이나 일을 기억한다고 할 때 그것을 현재로 끌어들임을 의미한다. 아남네시스 속에서 **과거의 사물이나 사람이 현재화되는 것이다.**[1]

초대 교회는 바로 이러한 의미에서 성찬의 기념을 이해했다. 성찬은 과거에 일어난 어떤 사실에 대한 교훈적인 교육이 아니다. 성찬은 그리스도께서 그의 죽으심과 부활로 우리를 위하여 행하신 모든 것을 하나님 앞에서 '재현'(re-calling)하는 것, 다시 불러내는 것이다. 그러나 재현은 단순한 회상(recollection)이 아니다. 그것은 과거의 일을 다시금 불러낸다는 의미에서의 재현이다. 지금 우리의 상처를 치유하고 우리의 신앙을 양육시키는 것은 과거의 그리스도의 몸과 피인 것이다.

성찬을 기념할 때 혹은 아남네시스 할 때 기억하는 것 이상의 많은 일들이 발생한다. 예수님이 친히 그 자리에 임재하시며, 우리는 그 분을 특별한 방식으로 경험하게 된다. 우리는 떡과 포도주에서 **그 분**을 만난다.

둘 다 같은 아빠네!

한 젊은 부인이 제2차 세계대전 기간에 남편이 해외 근무를 하는 동안 첫 딸을 낳게 되었다. 두 살이 넘도록 딸아이가 아버지를 본 것이라고는 엄마가 사진틀에 넣어 부엌에 걸어 둔 한 장의 사진이 전부였다. 엄마는 딸과 함께 그 사진을 볼 때마다 딸에게 '아빠'라고 가르쳐 주었다.

그러던 어느 날 아빠가 드디어 집에 오게 되었다. 모든 가족은 아빠를 보는 순간 작은 소녀의 기뻐하는 모습을 숨죽이며 기다렸다. 그러나 어린 딸은 아빠를 보고 울음을 터뜨리며 도망가 버렸다. 딸은 이 낯선 사람 곁에 가까이 오려 하지 않았다. 대신에 그 어린 소녀는 부엌으로 달려가 거기에 걸린 사진을 가리키며 "저게 내 아빠야!"라면서 발을 동동 굴렀다. 아이의 부모는 마음이 아팠다.

며칠 뒤 그 어린 딸은 식탁에 앉아 아침 식사를 하면서 자기 옆에 앉은 그 낯선 사람을 오랫동안 뚫어지게 쳐다보더니 다시 사진 속의 아빠를 오랫동안 뚫어지게 쳐다보았다. 딸의 눈이 그 낯선 사람에게로 되돌아왔다가 다시 사진으로 되돌아갔다. 그제서야 그 어린 딸의 얼굴이 환해지며 이렇게 외쳤다. "둘 다 같은 아빠네!"

신비

우리가 믿음으로 떡과 포도주에서 만나는 그리스도와, 우리를 위하여 죽으시고 부활하신 그리스도는 둘 다 같은 그리스도이다. 그리스도가 지금 성찬에서 우리를 어떻게 어떤 방식으로 만나는가 하는 것은 끈질기고 지루한 논쟁의 주제다. 그리하여 그 논쟁은 화체설(化體說)이나 공재설(共在說)이나 실재적 임재설 등의 논쟁적 어휘들을 만들어 냈다. 이러한 논쟁은 분명히 하나님의 마음을 아프게 할 것이다. 기독교의 두 개의 큰 표지인 성찬과 세례는 격전장이 되어 왔다. 우리를 연합시키려 했던 것이 우리를 분열시켜 온 것이다.

성찬은 논쟁거리가 아니라 경탄해 마지 않아야 할 신비다. 수백 년에 걸친 성찬에 대한 신학적 논쟁에 대하여 예수님은 이렇게 말씀하실 것이다. "자, 봐라. 그것은 신비이다. 왜 너희들은 그 신비와 더불어 지내려 하지 않느냐? 제발 입다물고 받아 먹으라. 그리하여 경탄으로 가득 채우라."

성찬에 대한 아남네시스의 신비는 하나님이 떡과 포도주라는 평범한 요소 안에서 어떻게든 우리를 만나신다는 것이다. 바꿔 말해서 그것은 충만한 신비를 우리에게 시사해 준다. 떡과 포도주는 창조의 소산이다. 뿐만 아니라 그것들은 다 사람의 손으로 만들어졌다. 농부들과 빵굽는 자들과 운전사들과 포도주 양조장 주인들과 상인들 즉 일하는 사람들의 공동체가 그 떡과 포도주로 대표된다. 그 충만한 신비는 하나님이 자신의 창조물과 우리의 하는 일을 통하여 우리를 만나시기로 작정하셨다는 사실이다. 성찬에서의 그리스도의 임재의 신비는 세상과 우리의 일에 임하시는 것과 전혀 그 **종류**가 다르지 않다. 단지 **정도**의 차이만 있을 뿐이다. 성찬에서 우리가 보고 경험하는 하나님의 임재는, 그 분이 창조하신 세상에서의 하나님의 임재하심의 신비와 그의 세상에서 우리에게 명하신 일에서의 하나님의 임재하심의 신비를 압축해 놓은 것이며 그 예리한 초점인 것이다.

성찬은 참되시고 살아 계신 하나님을 성찬대에서 만날 수 있다면 그 성찬대를 만드는 목공소에서도 하나님을 만날 수 있음을 보여 준다. 성찬은, 우리가 떡과 포도주에서 하나님을 만날 수 있다면 이것들이 재배되고 만들어지고 팔리는 곳에서도 하나님을 만날 수 있음을 말하고 있다. 떡과 포도주를 들에서 시장으로, 다시 성전으로 운송하는 고속도로에서도 우리는 하나님을 만날 수 있다. 성찬은 우리가 일용할 양식을 벌어들이는 어느 곳에서나 하나님을 만날 수 있다고 말한다.

하나의 거대한 실재

만일 우리가 일로부터 소외되었다면, 그것은 아마도 먼저 우리가 그 일을 하고 있는 물질적인 피조물로부터 소외되었기 때문일 것이다. 우리 시대의 맹점은 하나님이 지어 주신 물질 세계의 중요성을 크게 평가 절하하는 경향이 있다는 사실이다. 우리는, 하나님이 세상을 창조하셨다는 말의 진정한 의미를 놓치고 있다. **하나님**이 세상을 창조하셨다면 그 세상은 좋은 것임에 틀림없다. 좋아도 심히 좋은 것이다. 창세기 1장의 창조 기사에서 "참 좋구나!"라고 거듭 말씀하시는 이는 바로 하나님이시다. 하나님은 돌고래와 해초와 쟈카란다 나무들과 장미 덤불들, 오리온과 안드로메다, 소와 비버들을 보시고 그렇게 말씀하신다. 하나님은 살구와 바나나, 계곡과 해변들을 보시고 그렇게 말씀하신다. 하나님은 사람들을—특히 사람들을 보시고 그렇게 말씀하신다.

이 세상은 좋으신 하나님이 만드셨기 때문에 좋다. 하나님은 그 피조물들이 하나님의 성품과 엄위의 일부를 보여 주는 가치 있는 도구이기 때문에 참 좋다고 말씀하신다. "여호와 우리 주여, 주의 이름이 온 땅에 어찌 그리 아름다운지요!"라고 시편 8편은 말하고 있다. 하늘이 그 분을 전파하고 있다. 시편 19편은 하늘이 "하나님의 영광을 선포한다"고 말한다.

세상은 좋을 뿐 아니라, 우리의 눈에 보이는 것 이상의 많은 것들을 가지고 있다. 성경적 우주관은 보이는 것과 보이지 않는 것들, 가시적인 것과 불가시적인 것들을 포함한다. 물질과 영혼이 서로 다른 실재라고 말하는 것은 비성경적인 이원론이다. 하나님이 모든 것을 만드셨으며 그것을 하나의 거대한 실재로 만드셨다. 우리는 한 실재 안에서 살고 있다. 그 실재의 한 부분은 우리의 신체 감각들로 볼 수 있으며 다른 부분은 우리의 신체 감각으로는 알 수 없다.

환원주의와 도피주의

서양 문화에서 우리는 환원주의적 자연주의(reductionistic naturalism)와 도피주의적 신비주의(escapist mysticism) 양극단 사이를 왔다갔다 하고 있다. 환원주의자들은 이 물질적 세계가 전부라고 말한다. 세계는 단지 물질일 뿐, 그 이상도 그 이하도 아니라고 한다. 보고 만지고 잴 수 있는 것이 바로 당신이 얻는 것이며 그것이 전부라고 그들은 주장한다. 좀더 큰 실재와 관련해서나 어떤 의미 혹은 신비의 문제에 이르면, 그들이 믿고 있는 우주는 콜럼버스 이전 사람들이 믿었던 것처럼 평평하고 일차원적인 우주가 된다.

나는, 칼텍(캘리포니아 공과 대학)에서 공학 석사 학위를 받고 졸업한

한 친구와 저녁을 먹으면서 대화했던 내용을 결코 잊을 수 없다. 내 눈으로 직접 본 것 중에서 가장 위대한 자연의 경이라고 생각하는 그랜드 캐년의 아름다움에 대하여 나는 일장 연설을 하고 있었다. 그는 내가, 엄청난 규모와 색깔의 미묘한 아름다움을 지닌 그랜드 캐년의 기막힌 불가사의에 관하여 떠들어 대는 것을 듣고 있었다. 그랜드 캐년의 색은 태양이 그 위를 가로질러 가는 순간마다 변한다. 나는 열정과 경이감으로 사로잡혀 말했다.

그러자 그는 애처롭다는 듯이 내게 말했다. "그것은 네가 지나친 종교적 상상력으로 그랜드 캐년을 보았기 때문이야. 내 눈에 비친 캐년의 모습은 지금과 같은 모양의 큰 구덩이를 파 놓은 수천 년 세월 동안의 물과 얼음과 바람의 작용뿐이던걸. 내게는 그것이 신비가 아니라 기계적인 경이일 뿐이지."

그랜드 캐년을 바라보면서도 수천 년에 걸친 물과 얼음과 바람의 작용밖에 보지 못하는 사람은 정말 불쌍한 사람이다. 그랜드 캐년은 각 요소들의 총합 이상이다. 다른 피조물들도 마찬가지다. "우리는 신비의 표면만을 추적하고 있는 겁쟁이다"라고 애니 딜라드는 쓰고 있다. 이 우주를 그 구성 요소들의 총합으로만 축소시키는 자들은 그녀가 묘사하는 대로 "웅크리고 앉아서 자신이 그 자리를 차지했다는 느낌으로 의기양양한 사람"과 같다.[2]

철학은 "왜 여기에 무엇인가가 없는 것일까?"가 아니라 반대로 "왜 여기에 무엇이 있는 것일까?"라는 의문으로부터 시작한다고 누군가가 말했다. 왜 이 세계와 우주는 존재하는 것일까? 왜 아무것도 없지 않고 행성들과 별들이 존재하는 것일까? 이 모든 것이 여기에 있다는 엄연한 사실, 우리가 지금 여기에 있으며 그것을 알고 있다는 사실은 분석을 넘어선다. 그 엄연한 사실은 상상을 불허하며 두 눈으로 그것을 보는 사람으로 하여금 누구나 그 신비 앞에서 입을 다물게 한다. 환원주의자들은 실체론상의 근시안으로 고생하고 있다.

반면 육체와 피와 중력으로 이루어진 이 속되고 답답한 물질 세계를 어떻게 해서든지 피하려는 '신비주의자'라는 사람이 있다. 그들은 순수한 생각과 영혼과 황홀경의 자유를 향해 항해하고자 한다. 어떤 그리스도인들은 이러한 세계 부정적인 도피주의와 성경이 가르치는 천국과 무덤을 넘어선 삶을 혼동하고 있다. 성경은 우리의 소망이, 하늘에서 육체 없는 영원 속에 거하는 불멸의 영혼이 되는 것에 있는 것이 아니라 변화된 새 하늘과 새 땅에서 변화된 새 몸을 입고 살아가는 것, 즉 부활에 있음을 가르친다. 바꿔 말해서 하나님은 그 분이 만드신 물질로 탄생시킨 이 육체를 너무나 좋아하셔서, 그 육체를 없애 버리시는 것이 아니라 어느 날 새롭고 영화롭게 부활시킬 것을 계획하고 계신다.

성육신

성육신은 이러한 성경적 우주관에서 결정적으로 중요하다. 예수님은 신인 즉 하나님인 동시에 사람이셨다. 하늘과 땅, 보이는 것들과 보이지 않는 모든 것들이 신인이신 예수님 안에서 완전한 조화를 이루게 되었다. 육체와 피는 그리스도 안에서 하나님 자신의 현존을 매개시켜 주는 적절한 수단이 되었다. 그러나 만약 피조물, 즉 물질 세계가 선하며 우리가 볼 수 없는 훨씬 더 큰 실재의 한 부분이 아니었다면 성육신은 없었을 것이다. 성육신은 보이지 않는 세계와 보이는 세계, 즉 모든 피조물로 짜여진 '하나의 좋은 직물'이다. 이 '하나의 거대한 세계'를 존재하게 하셨던 바로 그 말씀이, 우리가 1세기의 팔레스틴 유대인이었던 나사렛 예수의 육체 안에서 만났던 말씀이다.

성육신은, 우리가 세계와 우리의 일과 성례와 이들 서로의 관계를 이해하기 위하여 사용해야 할 패러다임이다. 하나님이 그렇게 만드셨듯이, 성육신은 삶의 합일성과 총체성의 모델이다. 죄의 침입에도 불구하고 하나님이 만드신 세계가 선하며, 여전히 그 세상은 하나님이 우리와 교제하시기 위하여 선택하신 장소라는 말씀은 우리에 대한 하나님의 단호한 진술이다. 성육신은 어떻게 거룩함이 평범함을 충만하게 채울 수 있는지를, 어떻게 신령한 것이 물질적인 것에 생명을 불어넣을 수 있는지를 보여 준다.

성례가 아니라 성례적이다

어거스틴은 성례를 보이지 않는 실재에 대한 보이는 표징으로 정의한다. 이 정의대로 그리스도 즉 성육하신 하나님은 최고의 성례이다. 그리스도 안에는 우리가 눈으로 볼 수 있는 것 이상의 훨씬 많은 것이 있다. 그를 볼 때 우리는 1세기 팔레스틴의 유대인을 본다. 그를 만질 때 우리는 그의 진짜 살을 만진 것이다. 그러나 바로 우리 앞에는 또한 하나님의 말씀, 성부 하나님의 영원하신 아들, 삼위 일체 중 제2위이신 분이 계셨다.

이와 동일한 의미에서 비록 정도는 덜하지만, 모든 세계는 성례적이다. 보이는 것과 보이지 않는 것들이 다 하나의 광대하며 신비스런 세계의 일부분이기 때문에 우리는 눈에 보이는 세계 이상의 훨씬 많은 것이 언제나 존재하고 있음을 알 수 있다. 하나님의 은혜와 믿음을 통해, 물질 세계는 그것을 만드신 하나님의 현존을 전달해 줄 수 있다.

창조, 성육신, 성례전들. 예수님의 육체 안에서 놀랍고도 독특하게 우리를 만나신 그 하나님이 또한 그가 지으신 세계와 성례들을 통하여 우리와 만나신다. 우리가 성찬에서 사용하는 떡과 잔은 창조와 성육신과 마찬가지로 선한 구조로 되어 있다. 성육신과 더불어 이 성례가 가능하게 된 것은 이 창조 세계가 성례적인 속성을 지니기 때문이다.

보이지 않는 실재에 대한 보이는 표징들

웰치 포도 주스 디카를로 불란서 빵. 우리 교회에서 성찬에 사용하는 빵과 포도주의 상표이다. 우리는 이것들을 동네의 한 슈퍼마켓에서 구입한다. 빵과 포도주에는 특별한 것이 하나도 없다. 하나는 그리스도의 몸을 표시하기 위하여 다른 하나는 그의 피를 상징하기 위하여 사용한다. 그러나 하나님께 드려져서 축사될 때, 믿음으로 받아들여질 때, 하나님의 자비로 그것들은 그 부분들의 총합 이상의 것이 된다. 그것은 보이지 않는 한 실재에 대한 보이는 표징이다. 그것들은 독특한 방식으로 우리가 하나님의 은혜를 경험하는 물질적 수단이 된다.

가정 주부, 즉석 요리사, 주식 브로커 등. 이 모든 것들에도 특별한 것은 없다. 대부분의 직업들은, 아무리 휘황찬란한 것이라 할지라도 기분 나쁠 정도로 평범해지고 또한 일상적인 것이 되어 버린다. 그러나 성찬의 떡과 포도주가 주는 메시지는, 모든 직업은 비록 그 자체가 성례는 아닐지라도 성례적이 될 수 있는 가능성을 가지고 있다는 것이다. 그것은 그 자체가 성례적인 피조물의 부분이기 때문에 모두 보이지 않는 실재에 대한 보이는 표징이 될 수 있다. 물론 그 직업들이 부정직하거나 파괴적이 아니라는 전제 하에서 말이다. 어떤 직업이 믿음으로 하나님께 드려질 때, 하나님은 그것에 복을 주시고 그것으로 이 세계에서 하나님을 섬기는 도구가 되게 할 뿐만 아니라 하나님을 만나는 도구가 되게 하신다.

우리의 일은 일종의 봉헌이다

하나님께 우리의 일을 드리는 것은 아주 중요하다. 성례를 가리키는 단어인 '새크라멘트'(sacrament)는 라틴어인 사크라멘툼(*sacramentum*)에서 왔다. 사크라멘툼은 로마 군인이 장군에 대한 절대적 충성을 맹세하거나 서약하는 것을 의미한다. 이 말이 얼마나 성찬에 적합한지는 쉽게 알 수 있다. 성찬은 그리스도의 사크라멘툼, 즉 십자가에서 나타내신 그의 사랑과 은혜에 대한 서약을 기념하는 것 혹은 아남네시스하는 것이다. 떡을 나누고 포도주를 잔에 붓는 상징적인 행위로, 예수님은 사랑 가운데서 우리에게 자신을 내어 주신다. 그가 우리에게 맹세하시고 서약하신다!

그러나 그것은 또한 다른 방향으로도 역사한다. 우리는 성찬을 통해 우리의 사랑과 헌신에 대한 맹세 즉 사크라멘툼을 상징적으로 그리스도에게 드리는 것이다. 성례를 가리키는 다른 말이 '유카리스트'(Eucharist)인 것은 바로 이러한 이유 때문이다. 유카리스트는 '감사'를 의미하는 헬라어에 뿌리를 둔 단어이다. 아이작 왓츠(Issac Watts)의 위대한 찬송 '주 달려 죽은 십자가'(When I Survey the Wondrous Cross)는 이 점을 잘 말해 준다. "놀라운 사랑 받은 나, 몸으로 제물 삼겠네." 성찬의 용어로 풀어 쓰자면, 위대한 사크라멘툼이 나의 사크라멘툼을 요구한다는 것, **나에 대한** 사랑의 위대한 맹세가 **나로부터** 똑같은 사랑의 위대한 서약을 요구한다는 것이다! 감사도 부족하지 않아야 한다.

내가 참석했던 가장 기억에 남는 성찬식 중의 하나는 성찬을 인도하시는 목사님이 "주님, 우리도 이렇게 주님을 위하여 떡으로 나뉘며 포도주로 부어지나이다"라고 기도할 때였다. 나는 이전에는 결코 그 점에 대하여 생각해 보지 못했다. 성찬의 떡과 잔, 그리고 그것들이 가리키는 사건들은 우리 마음의 헌신도 표현해 줄 것을 의도하고 있었던 것이다. 우리는 떡을 나누고 포도주를 잔에 부으면서 "주님, 이것이 바로 주님을 위하여 드리는 제 자신입니다"라고 말해야 한다.

나는 익살맞은 작은 주인공이 그 주일의 설교 제목을 펼쳐 들고 교회의 현관 앞을 걷고 있는 만화(Ziggy cartoon)를 본 적이 있다. 그 설교 제목은 "들어와서 너의 생명을 제단에 바쳐라"였다. 이것이 바로 기독교의 예배가 말하고자 하는 전부이다. 즉 우리의 삶을 '제단에 바치는 것'이다. 예배는, 제단 위에 우리의 목숨을 바치는 것, 사도 바울의 말을 빌리자면 우리의 몸을 '산 제사'로 드리는 것이다.

여기에 주의해야 할 사항이 하나 있다. 우리에게 하나님이 받으실 만한 제물이 될 가치가 있기 때문에 우리 자신을 드리는 것이 아니다. 하나님께 열납될 만한 유일한 봉헌 제물은 그의 거룩하신 아들 예수 그리스도의 몸이다. 그러나 우리는 믿음으로 그의 몸인 교회에 연합하여 그의 몸의 지체로서 우리 자신을 드릴 수 있다. 성찬에 대해 언급하면서 어거스틴은, 예수님이 희생 제물을 드리는 제사장인 동시에 그 제물이 되신다고 말했다. 그러나 그의 봉헌에는 그의 몸인 교회도 포함되었다.[3]

성찬을 집례하기 직전 봉헌 예식을 행하는 것은 초대 교회의 관행이었다. 사람들은 성찬대로 걸어 나와서 성찬에서 먹기 위해 집에서 준비해 온 음식들을 그 상 위에 놓았다. 그 음식들은 그들이 집에서 키우거나 시장에서 사 온 것이었다. 알란 리처드슨(Alan Richardson)이 그의 책 「성경적 노동관」(The Biblical Doctrine of Work)에서 지적하다시피 드려진 음식은 **사람의 노동의 소산물**이었다.[4] 사람들은 십자가 상에서의 그의 죽음에 대한 감사(유카리스트)로 이 소산물들을 하나님께 드렸으며 축사한 다음에 그리스도의 몸과 피에 대한 상징으로 썼다. 다시 말해서 사람들의 제물이 성찬에서 그리스도의 희생 제물 됨의 상징이 되었던 것이다. 그 사람들이 드렸던 봉헌물은 자신의 생명에 대한 표시일 뿐만 아니라 사람의 손으로 이루어진 일에 대한 표시이기도 했다.

오늘날 성찬식을 집행하면서 이러한 사실을 놓치기 쉽다. 우리가 드리는 봉헌물들은 너무나 방부제 처리가 잘 되어 있어서 우리가 하는 일과 아주 거리가 멀게 느껴진다. 우리는 예배가 끝난 후에, 집에 가서 무엇을 할 것인지 옆 자리에 앉은 사람과 이야기하면서 호주머니에서 지갑이나 수표책을 꺼내어 헌금함에 약간의 돈을 집어넣는다. 대부분의 복음주의 교회에서 봉헌은 사람들의 마음 속에 성찬과 거의 무관하게 자리하고 있다. 많은 경우 봉헌은 기금 모금 행위, 예배의 신성함을 어쩔 수 없이 뚫고 들어오는 필요악으로 여겨진다. 그러나 봉헌은 그런 것이 아니다. 봉헌은 기독교 예배에 없어서는 안 될 아주 중요한 것이다. 봉헌은 우리의 목숨과 일을 가지고 우리가 해야 할 것에 대한 상징이다. 봉헌은 한 주간 동안 우리가 하는 일에서 그리스도에 대한 우리의 사크라멘툼을 표시하는 최고의 상징이 되어야 한다. 우리는, 주님의 만찬에서 떡과 포도주를 그리스도의 몸과 피에 대한 상징으로만이 아니라 우리 자신과 일에 대한 상징으로 보아야 한다.

신성함

"무엇인가를 희생한다는 것은 사랑을 위하여 그것을 내어 줌으로써 그것을 거룩하게 하는 것이다"라고 프레드릭 부크너는 말한다.[5]

우리의 일에 대해 성찬이 가지는 위대한 신비와 의미는 이것이다. 우리가 사랑으로 우리 자신과 일을 드릴 때 그것들이 거룩하고 신성하게 된다는 뜻이다. 그럴 때에 그것은 다시금 우리에게 사크라멘트(성례)로서 돌아온다. 우리는 떡과 포도주로 상징되는 성찬대에 우리의 선물을 가지고 간다. 그리고 우리가 드리는 것들은 복을 받고, 바로 그리스도의 몸과 피에 대한 상징으로 먹고 마시도록 우리에게 되돌아온다! 그리스도가 먼저 하신 그 위대한 사크라멘툼 때문에 우리도 그에게 우리의 사크라멘툼을 드린다. 그 때 우리가 드린 바로 그것이 다시 성례, 즉 은혜와 우리 주님과의 교제의 도구가 되어 돌아온다. 간단히 말해서 우리의 삶과 일이 거룩하게 되는 것이다. 이것은 신비이다!

요한복음 6장에는 이에 대한 아름다운 한 장면이 묘사되어 있다. 예수님과 제자들은 굶주려 있는 오천 명의 사람들과 함께 있었다. 그들은 허기진 배를 채워야 했다. 그러나 그 곳에는 모두를 먹일 만한 양식이 없었다. 그런데 어떤 소년이 물고기 두 마리와 보리떡 다섯 개를 가지고 와서 예수님께 드렸다(그것들은 어느 누군가의 수고의 결과였다). 그러자 사도 요한은 성찬의 용어를 사용하여 주님께서 "떡을 가져 축사하신 후에 앉은 자에게 나눠 주셨다"고 우리에게 말하고 있다. 그리하여 오천 명이 먹었다. 성찬이 시작되기에 앞서서 예수님은 이미 믿음으로 주님께 드려진 삶과 일을 거룩하게 하셨다. 예수님은 그것들을 자신의 사크라멘툼으로 삼으셔서 그의 사랑과 은혜의 수단으로 사용하셨다.

이처럼 우리의 일을 주님께 드릴 때 그것은 하나님께 대한 봉사가 될 뿐만 아니라 하나님과의 **교제**(communion, 여기서는 성찬의 교제를 말함-역주)가 된다! 그 때 하나님은 자비로운 손길로 우리의 비천한 일을 거두셔서 당신의 것으로 삼으실 것이다.

튜브, 신발끈, 합동 사역

훌륭한 책,「영적인 존재가 된다는 것의 육체적인 측면」(*The Physical Side of Being Spiritual*)에서 피터 길퀴스트(Peter Gillquist)는 우리가 일에 대하여 범하고 있는 두 가지의 오류에 대하여 이렇게 쓰고 있다. 그 두 가지는 똑같으면서도 정반대인 오류이다. 그는 첫 번째 오류를 '튜브 신학'이라고 이름 붙였다. 이것은 인간들이란 하나님이 당신의 일을 하실 때 사용하는 관(管)과 같은 존재일 뿐이라는 말이다. 이 신학의 목표는 우리 자신의 주도권은 없애 버리고 성령님이 우리를 완전히 맡아 다스리도록 하는 데 있다. 우리는 더 이상 하나님을 위하여 살고 일하는 것이 아니다. 하나님이 우리를 통하여 살고 일하신다. 이것은 일에 대한 수동적인 오류이다. 또 다른 오류는 반대로 '신발끈 신학'이다. 이 신학은 결국 내가 신발끈을 잡아당겨서 매기만 하면 되듯이 "하나님은 우리가 하기 원하시는 것을 위해 우리에게 필요한 모든 것을 우리에게 주셨으니, 가서 그저 그 일을 하라"고 한다. 이것은 능동적인 오류이다.[6]

이에 대한 성경적인 입장을 길퀴스트는 '합동 사역'(Synergy)이라고 이름 붙였다. '시너지'(synergy)란 말은 두 헬라어 단어에서 파생된 단어이다. '신'(*syn*)은 '…과 같은' 혹은 '…과 더불어, 함께'라는 뜻이며 '에르고스'(*ergos*)라는 말은 '작용' 혹은 '에너지'를 뜻한다. 이 견해는 사도 바울이 자신과 그의 동료들을 '하나님의 동역자들'(고전 3:9)이라고 말하면서 암시하는 노동관과 동일하다. 하나님은 우리를 튜브가 되도록 부르신 것이 아니라 아들과 딸이 되도록 부르셨다. 그리고 하나님은 우리를 자수 성가하는 사람들이 되도록 부르신 것이 아니다. 어느 익살꾼이 말한 것처럼, 자수 성가한 사람은 숙련되지 않은 노동이 주는 공포만을 나타낼 뿐이다. 하나님은 우리를 동역자로 부르셨다.

동역자이지만 동등하지는 않다

우리가 하나님과 동역자라고 해서 하나님과 동등하다는 말은 아니다. 하나님은 어떤 사람의 보조자도 아니다. 처음부터 끝까지, 우리의 자유까지도 하나님으로부터 주어진 선물이다. 사도 바울은 빌립보 교인들에게 보내는 편지에서 "항상 복종하여 두렵고 떨림으로 너희 구원을 이루라. 너희 안에서 행하시는 이는 하나님이시니 자기의 기쁘신 뜻을 위하여 너희로 소원을 두고 행하게 하시나니"(2:12-13)라고 그들에게 권면하고 있다.

우리는, 하나님이 우리 안에서 이미 시작하셨고 계속 진행하실 일에 협조해서 하나님이 일해 오신 것을 성취하라는 명령을 받았다. 심지어 우리가 하나님께 드리는 것도 먼저 하나님이 우리에게 주신 것이었다.

이그나스 얀 패더렙스키(Ignas Jan Paderewski)는 한때 폴란드의 수상이었으며 동시에 피아노의 거장이었다. 패더렙스키가 연주하는 것을 들려주려고 어린 아들을 연주회장에 데리고 온 어떤 어머니에 대한 이야기가 있다. 소년은 이제 막 피아노를 배우기 시작했고, 그녀는 아들이 거장의 연주를 듣기 원했다. 그래서 그 어머니는 공연장의 맨 앞 좌석 두 장을 사서 연주회가 시작되기 몇 분 전에 자리에 가서 앉았다.

그 공연에 흥분된 어머니는 불빛과 축제의 분위기에 정신이 팔린 채 넓은 연주회장을 둘러보았다. 그녀는 자기의 아들이 무대에 기어 올라가 피아노 의자 위에 앉은 것도 몰랐다. 갑자기 그녀와 청중은 무대 위에서 흘러나오는 '젓가락 행진곡'을 듣게 되었다. 그녀는 거장의 피아노를 모독하고 있는 아들을 보고는 경악을 금치 못했다.

그녀가 무대에 올라가서 자기 아들을 중단시키기도 전에 그 거장이 무대 뒤에서 걸어 나왔다. 패더렙스키는 당황한 어머니에게 미소를 보내며 그녀를 다시 자리로 돌려 보냈다. 그리고 소년의 뒤에 서서 그를 두 팔로 감싸고 '젓가락 행진곡'에 맞추어 멋진 반주를 하기 시작하였다. 그 두 사람은 동역자였으나 동등하지는 않았다.

하나님이 우리 손으로 이룬 빈약한 일에 다가오셔서 그의 팔로 우리를 감싸시며 그의 두 손으로 받으사 그것을 거룩하게 하실 때 우리는 하나님의 동역자가 된다. 그리고 우리의 일은 하나님께 사크라멘툼으로서 드려질 때만 거룩해질 수 있다.

제사장 먼저, 왕은 그 다음

잠깐 멈추어서 하나님이 최초의 사람들에게 피조물에 대하여 어떤 명령을 하셨는지 생각해 보자. 하나님은 그들을 세상의 청지기로 삼으셨다. 청지기는 주인을 위해 주인의 재산을 관리하는 사람이다. 청지기는 주인의 권위를 대표하는 사람이다. 하나님은 대왕(the King) 되시는 하나님의 권위 아래서 피조물을 다스리는 왕들(kings)이 되도록 우리를 만드셨다. 그러나 우리는 먼저 제사장이 될 경우에만 왕이 된다. 제사장은 하나님 앞에 그의 백성의 대표로 서서 그들을 위하여 희생 제사를 드리는 사람이다.

하나님 세계에서의 우리의 일과 관련하여 우리는 세상에서 하는 모든 것을 헌신과 찬미의 희생 제물로서 하나님께 드린다. 조지 허버트는 다음과 같은 시로서 이 본질적인 진리를 파악하고 있다.

사람은 세상의 대제사장.
그는 모든 것들을 위하여 희생 제물을 드리네.[7]

허버트는 하나님이 오직 우리들에게만 당신의 길을 알리셨다고 말한다. 나머지 피조물들이 스스로 할 수 없는 것을 우리가 그들을 위하여 해야 한다. 즉 하나님께 우리 자신과 우리의 일과 세상을 봉헌하여 드리는 것이다. 먼저 예배를 잘 드리는 법을 배울 때에야 우리는 일을 잘할 수 있다.

성찬에는 인간 노동의 신비에 대한 완전한 구현이 존재한다. 성찬은 우리 모두가 얻기 위해 수고해야 하는 빵과 하나님이 선물로서 주시는 빵 사이에 끊을 수 없는 연결이 있음을 극적으로 보여 주고 있다. 우리는 일용할 양식을 위하여 기도드린다. 우리가 비록 일용할 양식을 위하여 일을 해야 하지만, 하나님은 일용할 양식을 사크라멘툼으로서 우리에게 풍성하게 제공하신다. 우리가 그 빵과 우리 자신을 사크라멘툼(사랑과 충성의 맹세)으로서 하나님께 되돌려 드릴 때 그것은 다시 사크라멘툼이 되어 우리에게 되돌아온다. 그리스도는 우리가 그에게 가져가는 바로 그것—그것들은 주님께서 먼저 우리에게 주셨던 것이다—을 가지고 우리의 영혼을 살찌우신다.

그리하여 이처럼 하나님이 선물로 주시고 우리가 일을 드리고, 하나님이 선물을 주시고 다시 우리가 희생 제물을 드리고, 다시 주시고 다시 드리는 이러한 축복의 순환이 계속되는 것이다. 우리가 믿음과 사랑으로 하나님께 드리는 모든 것은 마치 다섯 개의 보리떡처럼 축복받고 성화되어 우리에게 다시 돌아온다. 성찬은, 그리스도의 사랑 때문에 나의 나뉨의 모든 것과 나의 모든 일이 성화되고 거룩하게 될 수 있다는 하나님의 맹세이다.

토론 문제

1. '경축'(celebration)으로서의 성찬에 대하여 토론하라. 당신은 성찬을 어떻게 경험하는가?
2. "성찬은 경탄해야 할 신비이지, 논쟁 대상이 아니다"라는 말에 대한 당신의 대답은 무엇인가?
3. '봉헌'(헌상)은 '성찬'에 어떻게 결부되어 있는가?
4. 일에 대한 합동 사역적 견해는 무엇인가?
5. 그리스도인들로서 우리는 청지기와 제사장과 왕이 되어야 한다는 말에 대하여 토론하라.

에·필·로·그

소망 일과 예배에 의미를 주는 것

소망은 미래의 멜로디를 듣는 것이며
믿음은 그 멜로디에 맞추어 춤추는 것이다

– 루벰 알비스

이야기는 깜찍스러웠지만 다시 읽을 때마다 여전히 가슴이 아프다. 두 살짜리 어린애가 천국이 얼마나 좋을 것인지를 막 배우고 나서 자기와 자기 엄마와 누이 젖동생 리아가 천국에 가게 될 거라고 말했다. 그 말을 들은 아빠가 물었다.

"나는 어쩌고?"

"안 돼요. 아빠는 일하러 가야 해요!"[1]

내 삶에서 무방비 상태인 부분을 건드리는 이 이야기는 무척이나 나를 찔리게 한다. 내 자녀들도 나를 그렇게 보고 있지 않은지 섬뜩한 때가 여러 차례 있었다. "아빠는 일이 너무 바빠서 천국에 갈 수 없어요." 지금 당장 살아가는 데 필요한 것들을 얻기에 급급한 우리는 앞으로의 저 세상에 대하여 생각할 틈이 거의 없다. 내가 하고 있는 모든 일들이 아무 쓸모 없는 것처럼 보이고, 기껏해야 수면 위로 고개를 겨우 처들게 하는 발버둥인 것처럼 보인다. 나는 이런 의문이 든다. **"내가 하고 있는 이 모든 일들이 어떤 영향을 끼치는 것일까? 어떤 의미가 있는 것일까?"** 전도서의 지혜자와 같이 나는 "사람이 해 아래서 수고하는 모든 수고가 자기에게 무엇이 유익한고?"라고 묻고 있다(전 1:3).

토머스 찰머스가 옳았다. 행복의 필수 요건은 해야 할 일과 무엇인가(누군가) 사랑할 대상과 무엇인가 소망할 것이다. 그러나 마지막 필수 요건이 가장 기본적이다. 그것이 없이 다른 두 가지만으로는 부족하기 때문이다. 행하고 사랑하며, 일하고 예배하는 것이 의미가 있으려면 소망이 필요하다.

타락 이후의 세상에서 일은 사실상 순전히 고역이며 괴로움일 뿐이다. 나는 미국 동부의 한 도심지 교회에서 목회하는 어떤 목사를 알고 있다. 그는, 내가 신약을 강해하면서 모든 일은 심지어 가장 비천한 일일지라도 하나님을 위해 했을 때 하나님이 받으신다고 말하는 것을 듣고 고개를 저으며 말했다. "그 말이 사실임을 잘 알고 있지만 우리 교회 교인들의 절반이나 되는 사람들에게 그 말을 어떻게 설명해야 할지 잘 모르겠습니다." 그의 교회 교인들의 절반은 실업 수당을 받거나 세차장에서 스폰지에 비눗물을 적시거나 조립 라인 앞에 멍하니 서 있는 사람들이었다. 그들은 먹고 살기에 충분한 돈을 벌지도 못할 뿐만 아니라 그들이 하고 있는 일도 전혀 의미가 없어 보인다.

가난한 사람들만 이렇게 느끼는 것은 아니다. 아주 많은 월급을 받으면서도 자기들이 하는 일이 월급 봉투를 넘어서 어떤 의미가 있는지를 이해하지 못하는 사람들이 많다. 나는 사람들이 "**우리가 더 좋은 컴퓨터를 만들어 내고 좋은 보험을 파는 것이 무슨 의미가 있느냐?**"고 말하는 것을 자주 듣곤 하였다.

예배는 그와 똑같은 문제를 가지고 씨름한다. 단조롭고 활력 없는 예배 의식은 내게 이런 생각을 하도록 만든다. "우리가 찬송을 부르고, 기도하고, 설교를 듣는 것이 도대체 무슨 소용이 있단 말인가? 물로 세례를 주고 떡을 먹고 포도주를 마시는 것이 정말로 무슨 의미가 있는가? 예배가 어디로 가고 있는 것일까?"

소망이 없이, 할 일과 사랑할 대상만으로는 행복할 수 없다. 우리가 지금 이 땅에서 드리는 예배가 '우리의 악기들을 조율하는 것'이라면,[2] 언젠가 그 때 그 곳에서는 교향악을 연주하게 되는 것이 더 좋지 않겠는가! 지금 이 땅에서 하는 일이 아무리 평범한 것이라 할지라도 주님께 하듯이 할 수 있다면 그 때 그 곳에서는 "잘 하였도다, 착하고 충성된 종아!"라는 말을 듣는 더 좋은 시간이 있을 것이다.

"잘 하였도다…들어와 참예하라!"

이것이 바로 예수님이 그들의 일을 '주님을 위하여 하듯'(골 3:23) 행한 사람들에게 약속하신 것이다. 어느 날 주님은 우리들 각 사람을 축하해 주시면서 "잘 하였도다. 착하고 충성된 종아! …들어와 너의 주인의 즐거움에 참예하라!"(마 25:21)고 말씀하실 것이다. 지금 여기에서 자신의 악기를 조율하면서 앞으로 있을 교향악 연주를 준비하고, 신실하게 하나님께 예배하는 사람들에게도 그와 똑같은 보상이 기다리고 있다. 요한계시록에 나와 있는 천국에 대한 묘사들 중 하나는 보좌에 앉아 계신 하나님과 그분께 예배하는 하나님의 백성들에 대한 것이다. 그 때 거기에서 "보좌에 앉으신 이가 그들 위에 장막을 치실 것이다"(계 7:15). 이것은 출애굽에 대한 암시이다. 출애굽 때에 하나님의 임재는 지성소가 있는 장막 혹은 성막에 의해 상징화되었다. 그 때는 대제사장만이 장막에 들어갈 수 있었으며 그 안에서 하나님과의 친밀한 사귐을 누릴 수 있었다. 그러나 천국에서는 하나님이 그의 장막 곧 그의 임재를 모든 백성들 위에 펴시사 친밀한 사귐 안으로 들어오게 하신다. 이것은 천국에서는 우리 모두가 실재의 바로 그 중심 한가운데로 환영받을 것임을 의미한다. 그 실재는 우리가 여기 이 땅에서는 예배에서만 겨우 맛볼 수 있는 것이다.

우리 부부는 이것이 무엇을 의미하는지에 대한 힌트를 경험하였다. 1975년 여름 로레타와 나는 와이오밍 주의 그랜드 테튼(Grand Tetons) 산등성이를 따라난 오솔길을 등반했었다. 등반 첫 날 우리는 그랜드 테튼 꼭대기를 향해서 북쪽으로 걷고 있었다. 우리는 어느 방향으로든지 아이다호와 와이오밍을 수백 킬로미터까지 내다볼 수 있었다. 그러나 그랜드 테튼의 정상만큼 숨막힐 듯한 장관은 없었다. 꼭대기에 걸린 구름을 뚫고 그 정상은 하늘을 찌를 듯했다. 그 아름다움과 힘은 내 마음에 야릇한 통증을 일으켰다.

어째서 달콤한 통증이 있는 것일까? 루이스는 두 가지 이유가 있다고 말했다. 하나는 분리의 통증이다. 나는 나를 잡아끄는 아름다움을 가진 어떤 것을 바라보고 있다. 그러나 나는 거기에 들어갈 수 없다. 실제로 내가 그 산에 더 가까이 가면 갈수록 그 멋진 광경은 내게서 멀어지고 물러나고 사라지는 것 같았다. 또 하나는 고독의 통증이다. 나는 내 주의를 사로잡고 있는 어떤 것을 바라보고 있지만, 그 대상은 나에 대하여 무관심하다. 여러

분은 내가 그 산과 '사랑'에 빠졌다고 말할지 모르겠으나 나는 내가 존재하고 있는지도 몰랐었다.[3]

그러나 내가 사모함과 외로움으로 가슴 아파하면서 그것을 바라보고 서 있을 때 그 산이 내게 말을 건넸다고 가정해 보자. 그 산이 "안녕, 벤. 나는 너를 영원부터 알고 있었지. 난 네가 나와 함께 있기를 원해. 내게 가까이 와. 내 안으로 들어와서 네가 너 자신일 수 있을 때까지 내 곁으로 가까이 오도록 해"라고 말했다고 가정해 보자. 여기 이 땅에서 하나님을 신실하게 바라보고 있는 사람들에 대한 천국의 보상이 바로 이러한 것이다. 이것이 바로 그리스도인의 존재와 우리의 일과 예배 전체에 활력을 주는 소망이다. 하나님과의 교제야말로 우리가 하나님을 위해 일하고 하나님께 예배드린 것에 대한 보답인 것이다.

이것이 지금 우리가 할 수 있는 전부다

우리의 소망은 경축과 교제 그 이상의 것에 있다. 그 소망은 평범한 일과 평범한 예배를 포함하여 우리가 주님을 위하여 행한 모든 것이 헛되지 않을 것이라는 하나님의 약속에 있다. 그 모든 것은 어느 날 부활과 더불어 성취되고 완성될 것이다. 고린도전서 15장에 나오는 사도 바울의 부활의 찬가 끝부분에서 그는 이렇게 결론을 내리고 있다. "그러므로 내 사랑하는 형제들아 견고하며 흔들리지 말며 항상 주의 일에 더욱 힘쓰는 자들이 되라 이는 너희 수고가 주 안에서 헛되지 않은 줄을 앎이니라"(고전 15:58). 이 특정한 문맥에서 바울이 말하고 있는 일은 특히 자선 행위나 복음 증거와 같은 기독교적인 일이다. 그러나 그가 에베소서와 골로새서 모두에서 (엡 6:7; 골 3:23) 우리의 일을 주님께 '하듯이' 할 수 있다고 말하기 때문에 우리의 일상적인 일들을 '헛되지 않을 일들'의 범주에 포함시킬 수 있다. 성경이 그리스도인의 생활에 대하여 가르치는 것은 모든 삶은 거룩하며 우리가 하는 모든 것은 예배로서 행해져야 한다는 것이다.

주님을 위한 일은 결코 헛됨이 없이 다 이루어진다. 죄와 사망은 우리의 일에 대한 최종적인 권력을 상실하였다. 나는 이 맺음말을 쓰면서 그 사실을 날카롭게 그리고 감사하면서 인식하고 있다. 나는 오랫동안 이 책을 열심히 준비하였다. 이 책이 출판되면 가족들과 친지들은 나를 자랑스러워할 것이다. 나도 내 자신이 자랑스러울 것이다. 그러나 주의하지 않는다면, 지금 하고 있는 이 일로 인해 내가 철저하게 낙망하게 될 장소가 있다. 내가 그 곳에 갈 수도 있다. 그 곳은 중고 서점이다. 거기에 가면 내가 기대하는 것처럼 모든 부분에서 그들의 가족과 친구들에게 깊은 인상을 주었을 수많은 사람들의 필생의 역작과 대작들이 잊혀진 채 먼지 쌓인 서고에 있다가 대부분 한 권에 일 불씩 팔린다.

어떤 면에서는 중고 서점에 들어가서, 내가 하는 일이 그 자체로 아무런 의미도 없다는 명백한 진리를 되새기는 것이 내게는 좋을 것이다. 그러나 부활의 약속은 그리스도 안에서 나의 일이 나와 함께 부활하게 된다고 말해 준다. 어떤 방식으로든지 하나님이 나의 삶과 일의 다 떨어진 실타래를 주워 엮어서 그 분의 위대한 구원의 양탄자를 만들어 내실 것이다.[4]

바로 그 소망이, 중요한 것은 아무것도 할 수 없다는 절망으로부터 우리를 건져내 주며, 아주 형편없는 일조차도 열심히 할 수 있게 만들어 준다. 엘머 벤디너(Elmer Bendiner)는 제2차 세계대전이 끝날 무렵 독일에 폭격을 나갔던 B-17 폭격기에 대한 놀라운 이야기를 해주고 있다. 그 폭격기는 수차례나 포탄과 대공포탄을 맞았다. 어떤 때는 직접 연료통을 맞기도 했다. 그러나 기적적으로 그 폭격기는 폭발하지 않았다. 그 폭격기가 착륙했을 때 그 연료통에서 폭발되지 않은 20미리미터 포탄을 열한 개나 꺼내었다! 분해된 포탄을 보니 놀랍게도 모두가 다 화약이 없는 빈 껍데기였다. 그 중 한 포탄 속에 체코말로 쓰인 간단한 글이 있었다. "이것이 우리가 당신을 위하여 할 수 있는 전부입니다."[5] 독일군의 군수 공장에서 일하는 체코의 지하 저항군의 멤버 한 사람이 그의 공정 라인에서 적어도 열한 개의

20미리미터 포탄에서 폭약을 빼 버렸던 것이다.

그 노동자는 나치의 전쟁 노력을 전복시키려는 자신의 이 조용한 (그리고 위험한) 일이 그 전쟁의 결과에 하등의 영향을 미칠 수 있을 것인지에 대하여 궁금해했을 것임에 틀림없다. 그는 아마도 이 점을 회의하면서 죽어갔는지 모른다. 우리의 일도 마찬가지다. 지금 우리는 비서로서, 웨이터로서, 텔레비전 수리공으로서 우리의 일이 하나님의 계획 안에서 차지하는 위치를 보지 못할 것이다. 그러나 주님을 위한 일은 헛되지 않다는 주님의 약속은, 우리를 실망에 빠지지 않게 지켜 준다. 이것이 바로 예배에서 우리가 축하하는 소망이며, 우리에게 일하는 동기를 부여해 주는 소망이다.

주님, 저희에게 춤을 가르치소서!

루벰 알비스는 소망을 '미래의 멜로디를 듣는 것'으로, 믿음을 현재 그 멜로디에 맞추어 춤추는 것으로 정의하고 있다.[6] 소니 워크맨의 헤드폰을 귀에 끼고 조깅을 하는 사람들처럼 그리스도인들은 우리들만이 들을 수 있는 멜로디를 듣는다. 우리가 일하거나 예배하러 갈 때에 우리는 그 멜로디에 맞추어 흥얼거리며 발로 박자를 맞춘다. 그렇게 할 때에 약속된 미래는 현재 안으로 뚫고 들어오며 우리의 일과 예배는 기쁨과 정력으로 충만하게 된다.

니코스 카잔챠키스의 소설 「희랍인 조르바」(*Zorba the Greek*)를 각색한 훌륭한 영화에서 조르바와 그의 '보스'는 산에서 바다로 목재들을 끌어내리는 무모한 계획에 자신들의 전 재산을 다 투자한다. 굵은 밧줄로 통나무들을 직접 선착장으로 달아내려 배로 목재소에 운반한다는 것이다. 달구지 대신 밧줄을 사용하여 노동 경비 수백만 달러를 번다는 것이 그들의 계획이었다. 그러나 밧줄이 통나무의 무게를 견디지 못하고 끊어져 버렸을 때 그 모든 계획은 무산되고 만다. 영화의 마지막 장면에서 조르바와 그의 '보스'는 그들의 기념비적인 사업 실패를 바라보면서 서 있다. 태양은 수평선

너머로 뉘엿뉘엿 지고 두 사람은 침묵 속에서 서로를 바라본다. 남은 것이 무엇인가? 나올 것은 아무것도 없다. 그러나 그 보스는 때가 오면 목숨을 끊고 자살해야 한다는 공포에 사로잡혀서 조르바에게 이렇게 말한다. "조르바, 내게 춤을 가르쳐 줘!" 영화는 그들의 일의 잔해 속에서 두 사람이 통나무 위에 올라가 춤추는 것으로 장엄하게 끝난다.

이것이 바로 그리스도 안에서 우리가 가지는 소망이 우리의 일―그 일이 겉으로는 잔해처럼 보일지라도―에 미치는 영향에 대한 모습이다. 미래의 멜로디를 듣고 있는 우리는 하나님이 우리의 실패까지도 구속해 주실 것임을 알고 산산이 부서진 잔해 속에서도 춤출 수 있다. 제자들은 예수님께 "주님, 저희에게 기도를 가르쳐 주옵소서"라고 요청했다. 그것은 "주님, 저희에게 춤을 가르쳐 주시옵소서"라고 요청하는 다른 표현이 아니었을까?

비교할 가치가 없음

우리의 일과 예배에 대한 보상, 일과 예배 둘 다 의미가 있다는 보장은 우리가 지금 여기에서 행하는 무엇이든지, 우리가 지금 애쓰는 무엇이든지 하나님의 약속의 성취와는 비교될 수 없다는 것을 의미한다. 이 세상이 안겨 줄 수 있는 처절한 패배는 승리 속에 삼켜질 것이며, 세상이 제공할 수 있는 최상의 것은 장차 올 세상과 비교해 볼 때 희미한 것이며 곧 사라져 버릴 것이다.

현재 속에서 미래의 그림자라도 얻는 사람은 복이 있을진저! 중세의 수도자요 철학자였던 토마스 아퀴나스가 바로 그러한 사람이었다. 그의 「신학대전」은 서양 문명에서 가장 위대한 지적 업적 중 하나이다. 서른 여덟 개의 논문과 삼천 개의 작은 글과 만 개의 반론을 다루는 이 기념비적인 작품은 하나님의 권위 아래 있는 모든 진리―예술, 과학, 인류학, 심리학, 윤리학, 철학, 정치 이론, 문학 등―에 대한 합일된 견해를 얻기 위한 기독교 역사상 보기 드문 시도이다. 많은 사람들이 그 일에 성공한 유일한 시도라고 주장한다.

그러나 아퀴나스는 그의 작업을 돌연 중단하였다. 1273년 12월 6일, 성 니콜라스 성당의 예배실에서 미사를 집전하고 있던 그는 심원한 신비스런 체험을 하였다. 그 날 이후 그는 비서였던 레지날드에게 더 이상 글을 쓰지 않겠다고 선언하였다. 겁에 질린 레지날드는 재고해 볼 것을 강권하였다. 그러나 토마스는 그 이유를 이렇게 설명하였다. "레지날드, 나는 더 이상 쓸 수 없네. 내게 계시된 것들에 비추어 볼 때 내가 쓴 모든 것들이 지푸라기와 같이 보이네. 이제 나는 나의 작품들 이후의 내 생명의 끝을 기다리고 있네."[7] 그의 결심은 아주 단호하여서 일 년 후 그가 죽을 때까지 그는 더 이상 아무것도 쓰지 않았다.

당신이나 내가 할 일들은 「신학대전」에 비교해 보면 아무것도 아닌 것처럼 보인다. 그러나 토마스가 본 하늘나라와 비교해서 「신학대전」은 그의 말대로 '지푸라기와 같아' 보였다. 언뜻 보기에 그것은 일을 부정하는 말처럼 들린다. 그러나 실제로 그것은 그리스도인의 소망에 대한 경축이었다. 토마스는 '그러한 것들'을 보았다. 더욱 많은 것들이 앞에 있는 것이다.

우리가 지금 하는 최상의 일까지도 하나님의 선하심의 태양 앞에 있는 촛불에 불과하다. 토마스와 같이 대단한 지성을 가진 사람이나 그렇게 말할 수 있을 것이다. 토마스는 당신과 내가 꿈 속에서나 할 수 있는 일보다 훨씬 많은 것을 성취하였다. 그렇지만, 그는 자기에게 일을 주신 하나님과 비교하여 볼 때 자기가 한 일이 형편없이 작은 것을 발견하였다. 하나님이 토마스의 작품의 저자였으며 그 일의 목적이었다. 그것은 우리 모두에게도 동일하게 해당된다. 우리는 지금 하나님의 자비하심으로 일하고 예배하고 있다. 적어도 지금 우리가 알고 있는 대로 하나님의 자비하심으로 우리의 일은 언젠가는 끝날 것이다.

그것이 우리의 거대한 소망이다. 그것이 필수 요건 중의 필수 요건이며 거대함 중에 가장 거대한 것이다. 그것이 바로 행함과 사랑, 일과 예배를 이처럼 행복하게 만들어 주는 것이다.

　마라나타! 주 예수여, 오시옵소서!

토론 문제

1. "행함과 사랑, 일과 예배가 의미 있기 위해서는 소망이 필요하다"는 말을 통해 저자가 의미하는 바는 무엇인가?
2. 저자의 '산'에 대한 예화에 대한 당신의 반응은 무엇인가?
3. 소망은 '미래의 멜로디를 듣는 것'이며 믿음은 현재 속에서 그 멜로디를 따라 춤추는 것이라는 루벰 알비스의 정의에 대하여 토론해 보라.

주

1. 일, 복인가 저주인가?
1) Gorden Cosby, *Letters to Scattered Pilgrims. Parables, Etc.* (Saragota, Calif.: Saragota Press), August 1983, p. 1에서 인용.
2) Dorothy Sayers, "Why Work?" in *Creed or Chaos?* (New York: Harcourt, Brace, 1949), p. 53.
3) 같은 책, p. 54.
4) Charles Schulz, "I'll Be Back in Time for Lunch," *Los Angeles Times*, March 17, 1985.

2. 이 따위 직업 관두겠소. 사표나 받으시오!
1) Studs Terkel, *Working* (New York: Pantheon Books, 1972), p. xi.
2) Frederick Buechner, *Wishful Thinking* (New York: Harper & Row, 1973), p. 88.

3. 소망이 있습니까?
1) John Donne, *Poetical Works*, ed. Herbert J. C. Grierson (London: Oxford University Press, 1979), p. 290.
2) From *Prayers for the Christian Year. A Guide to Prayer for Ministers and Other Servants*, ed. Reuben P. Job and Norman Shawchuck (Nashville: Upper Room, 1992), p. 267에서 인용.
3) Gerard Manley Hopkins, "God's Grandeur," in *Oxford Dictionary of Quotations* (New York: Oxford University Press, 1980), p. 256.

4) George Herbert, "The Elixir," in *The Complete Works in Verse and Prose of George Herbert* (Fuller Worthies' Library, 1874; reprint New York: AMS Press, n.d.), p. 212.

4. 직업은 많으나 부르심은 하나다
1) Karl Barth, *Church Dogmatics* 3/4, ed. G. W. Bromiley and T. F. Torrance (Edinburgh: T & T Clark, 1978), p. 615. 「교회 교의학」.

5. 일을 하는 새로운 이유들
1) *Context*, November 15, 1981, p. 6에서 인용.
2) John Bisagno, *Positive Obedience* (Grand Rapids, Mich.: Zondervan, 1979). *Pastor's Professional Research Service* newsletter에서 인용.
3) S. D. Gordon. *Encyclopedia of 7700 Illustrations*, ed. Paul Lee Tan (Rockville, Md.: Assurance, 1979), no. 659에서 인용.
4) G. K. Chesterton, *Orthodoxy* (Garden City, N.Y.: Doubleday/Image, 1959), pp. 159-160.
5) Herbert, "Man's Medley," in *Complete Works*, p. 149.
6) Herbert, "Our Life Is Hid with Christ in God," in *Complete Works*, p. 58.
7) Hudson Taylor, *Encyclopedia of 7700 Illustrations*, no. 3091에서 인용.
8) 나는 아브라함 카이퍼가 화란 암스테르담 자유대학교 취임 연설에서 이 말을 했다고 들었다.
9) William Barclay, *The Letters to the Galatians and Ephesians*, Daily Bible Study Series (Philadelphia: Westminster Press, 1958), p. 215.
10) *Leadership Journal*, Fall 1984, p. 46에서 인용.
11) John Calvin. *Encyclopedia of 7700 Illustrations*, no. 5095에서 인용.
12) Herbert, "Elixir," p. 212.

6. 예배는 영원하다
1) C. S. Lewis, *Reflections on the Psalms* (New York: Harcourt Brace Jovanovich, 1964), p. 7. 「시편 사색」(총신대 출판부).
2) Herbert, "Providence," in *Complete Works*, p. 133.
3) 같은 책.
4) Annie Dillard, *Pilgrim at Tinker Creek* (New York: Harper's Magazine Press, 1974), p. 133.

7. 위대한 드라마
1) 나는 예식적인 드라마에 대한 생각을 John Wiley Nelson의 작은 책, *Your God Is*

Alive and Well in Popular Culture (Philadelphia: Westminster Press, 1976)에서 처음 접하였다. 대중 문화와 관련하여 예식적인 드라마의 의미에 대한 그의 논의는 예배와 관련하여 그것을 생각해 보도록 나를 이끌어 주었다.
2) 내가 읽은 것 중에서 이 놀라운 성경 구절에 대하여 가장 훌륭하게 다룬 것은 Vernard Eller의 *The Most Revealing Book of the Bible* (Grand Rapids, Mich.: Eerdmans, 1974)에 나온다.
3) Søren Kierkegaard, *For Self Examination* (Minneapolis: Augsburg, 1940).
4) C. S. Lewis, *Mere Christianity* (New York: Macmillan, 1960), p. 111. 「내가 믿는 기독교」(대한기독교출판사).
5) Lewis, *Reflections on the Psalms*, p. 97.
6) Sayers, "Why Work?" p. 59.
7) 같은 책, p. 57.
8) Simone Weil, "Reflection on the Right Use of School Studies with a View to the Love of God." Belden C. Lane이 "Stalking the Snow Leopard: A Reflection on Work," *The Christian Century*, January 4-11, 1974, p. 15에서 다시 이야기함.
9) Martin Buber. 앞에서 Lane이 인용함.

8. 이야기 속의 이야기

1) Abraham Heschel, Richard John Neuhaus가 그의 책 *Freedom for Ministry* (New York: Harper & Row, 1984)에서 인용한 일화.
2) Martin Marty가 *The Fire We Can Light* (New York: Doubleday, 1973)에서 인용.
3) Herbert, "Evensong," in *Complete Works*, p. 71.
4) 같은 책.
5) Lane, "Stalking the Snow Leopard," pp. 13-15.
6) Buechner, *Wishful Thinking*, p. 95.

9. 일요일에는 절대로!

1) Voltaire. *Encyclopedia of 7700 Illustrations*, no. 1387에서 인용.
2) Herbert, "Sunday," in *Complete Works*, p. 84.
3) C. S. Lewis, *The Silver Chair* (New York: Macmillan, 1953), p. 127. 「은 의자」(성바오로출판사).
4) Christopher Lasch, *The Culture of Narcissism* (New York: W. W. Norton, 1979), p. 7.
5) *Los Angeles Times*.
6) Abraham Heschel, *The Sabbath* (New York: Farrar, Straus & Giroux, 1975), p. 8. 「안식일」(성광문화사).
7) 같은 책.
8) 같은 책.

9) Henry Zylstra, *Testament of Vision* (Grand Rapids, Mich.: Eerdmans, 1961), p. 181.

10. 우리의 일용할 양식

1) W. Jardine Grisbrooke, "Anaphora," in *The Westminster Dictionary of Worship*, ed. J. G. Davis (Philadelphia: Westminster Press, 1972), p. 15.
2) Dillard, *Pilgrim at Tinker Creek*, p. 9.
3) Alan Richardson, *The Biblical Doctrine of Work* (London: SCM Press, 1952), p. 73.
4) 같은 책, pp. 69-70.
5) Buechner, *Wishful Thinking*, p. 83.
6) Peter Gillquist, *The Physical Side of Being Spiritual* (Grand Rapids, Mich.: Zondervan, 1979), pp. 143-150.
7) Herbert, "Providence," in *Complete Works*, p. 132.

에필로그: 무엇인가 소망할 것

1) Mary Alice Parks, *Focus on the Family Magazine*, October 1986, p. 7에서 인용.
2) Lewis, *Reflections on the Psalms*, p. 97.
3) C. S. Lewis, *The Weight of Glory* (Grand Rapids, Mich.: Eerdmans, 1977), pp. 4-5.
4) 이 멋진 생각은 Glenn Clark의 기도문("Let the threads of my life be interwoven with the tapestry of Your eternal purpose")에서 내게 제시되었다. Bob and Michael W. Benson이 "Daily Prayer Companion," in *Disciplines for the Inner Life* (Waco, Tex.: Word, 1958), p. 76에서 인용.
5) Elmer Bendiner, *The Fall of Fortresses. Parables, Etc.*, June 1983, p. 3에서 인용.
6) Rubem Alves, *Tommorow's Child* (New York: Harper & Row, 1972), p. 195.
7) Jacques Maritain이 한 이야기. R. C. Sproul이 *Chosen Vessels*, ed. Charles Turner (Ann Arbor, Mich.: Servant/Vine, 1958), p. 79에서 인용.

지은이 벤 패터슨(Ben Patterson)은 뉴저지 주 뉴프라비든스에 있는 뉴프라비든스 장로교회의 목사다. 저서로는 「내가 매일 기쁘게」(IVP) 등이 있다.

옮긴이 김재영은 총신대학교 신학과를 졸업하고, 미국 커버넌트 신학교, 컬럼비아 신학교, 에모리 대학교, 트리니티 신학교, 칼빈 신학교에서 공부했다. 현재 미국 L.A.의 여러 신학교에서 강의하면서 목회자 갱신운동인 제자목자회를 이끄는 한편, L.A. 기윤실 사무국장으로 섬기고 있다. 저서로는 「하나님 나라의 자유를 찾다」(국제제자훈련원)가 있으며, 「톰 라이트와 함께하는 기독교 여행」, 「현대를 위한 구약윤리」, 「천국만이 내 집은 아닙니다」, 「이 텍스트에 의미가 있는가?」(이상 IVP), 「철학자들의 신과 성서의 하나님」, 「성령과 은사」(새물결플러스) 등 50여 권의 책을 번역했다.

일과 예배

초판 발행 1997. 5. 17 | 초판 14쇄 2013. 2. 20
지은이 벤 패터슨 | 옮긴이 김재영
발행처 한국기독학생회출판부 | 판권 ⓒ 한국기독학생회출판부 1997
등록번호 제 313-2001-198 호(1978. 6. 1) | 121-838 · 서울 마포구 서교동 352-18
대표 전화 02-337-2257 | 팩스 02-337-2258 | 직영서점 산책 02-3141-5321
영업 전화 02-338-2282 | 팩스 080-915-1515
홈페이지 http://www.ivp.co.kr | 이메일 ivp@ivp.co.kr
ISBN 978-89-328-2026-2